AF297043

CHARLES RENOUARD

1794-1878

DISCOURS

PRONONCÉS

A LA COUR DE CASSATION

1871-1877

PRÉCÉDÉS D'UNE

NOTICE SUR SA VIE

PAR CHARLES RICHET

PARIS

PAUL OLLENDORFF, ÉDITEUR

RUE DE RICHELIEU, 28 BIS

1879

CHARLES RENOUARD

1794-1878

Ln 2r

30904

Il n'a été tiré de cet ouvrage que 4oo exemplaires sur papier vergé de Hollande.

CHARLES RENOUARD

1794-1878

DISCOURS

PRONONCÉS

A LA COUR DE CASSATION

1871-1877

PRÉCÉDÉS D'UNE

NOTICE SUR SA VIE

PAR CHARLES RICHET

PARIS

PAUL OLLENDORFF, ÉDITEUR

RUE DE RICHELIEU, 28 BIS

—

1879

BIBLIOTHÈQUE NATIONALE — IMPRIMÉS.

CHARLES RENOUARD

1794-1878

E remplis un pieux devoir. Il est au-dessus de mes forces, sans doute; mais la tendre et profonde affection que j'avais pour mon bien-aimé grand-père sera l'excuse, peut-être le soutien de ma faiblesse.

Il y a dans la vie de M. Renouard une merveilleuse unité. A travers les orages des révolutions et les fluctuations de l'opinion publique, il est resté fidèle à ses convictions et à ses principes. L'amour du bien et le respect de l'humanité ont animé toutes ses paroles et tous ses écrits, ont dirigé toute sa conduite. Comme l'a si bien dit M. Vacherot, « M. Renouard resta dans le cours de sa longue carrière ce qu'il fut dès le début, un jurisconsulte philosophe et moraliste. C'est cette constante préoccupation des hautes idées philosophiques et morales qui a fait l'unité de sa vie et l'originalité de ses œuvres. Sous le politique, le magistrat, l'économiste, comme sous l'avocat, le journaliste, l'écrivain, on retrouve le même esprit, dégageant des détails les principes qui dominent la matière, la même âme qui dans les grands actes de la vie s'attache obstinément à tout ce qui lui apparaît comme le droit et le devoir ».

C'est ce caractère de moraliste que j'ai cherché à mettre en relief en retraçant la vie de mon grand-père. Le plus souvent je me suis contenté de reproduire des fragments de ses écrits, de ses discours, de ses lettres ; j'ai tâché de rendre les citations nombreuses, et, pour le reste, de me borner à un récit succinct des principaux épisodes de son existence. Il m'a semblé que cela suffisait. M. Renouard est de ces hommes qu'on fait aimer en les faisant connaître.

Il faut d'abord dire quelques mots de son père. M. A. A. Renouard était un homme distingué, qui a laissé un nom connu de tous les bibliophiles. Il était né à Paris en 1765, et on le destinait au commerce des gazes ; mais, dès l'âge de dix-huit ans, il se prit pour les livres d'une passion que le temps ne fit qu'accroître. Aussi de bonne heure il abandonna la profession paternelle[1].

1. Voici en quels termes s'exprimait, à ce sujet, M. A. A. Renouard : « D'une profession tout à fait étrangère aux lettres, abricant de gazes, de ces riens élégants qui servent à la parure des femmes, et dont beaucoup d'hommes s'occupent avec une attention souvent plus suivie que celle qu'obtient l'étude de la morale et des sciences, je me suis livré à un genre de travail qui semble bien peu compatible avec les occupations d'un manufacturier. Pendant la déplorable inertie où les circon-

Il fut un des fervents adeptes de la Révolution, et en 1790 il publia plusieurs mémoires intéressants. Parmi ces mémoires, il en est un relatif aux douanes, et qui est intitulé ainsi : *Essai sur les moyens de rendre le reculement des barrières véritablement avantageux au commerce, tant intérieur qu'extérieur*. Dans cette note, M. Antoine Renouard propose de supprimer les douanes intérieures. « La France, dit-il, avait autrefois avec l'Allemagne des relations de commerce très-étendues ; mais les négociants de ce pays, fatigués des exactions de nos douanes et des entraves insupportables que la fiscalité apportait à l'expédition de nos marchandises, dont elle aurait au contraire dû favoriser la sortie, tournèrent enfin leurs vues du côté de l'Angleterre, dont le gouvernement, ami de l'industrie nationale, semble appeler les demandes des étrangers par l'affranchissement de toutes ces formalités gênantes qui, en France, embarrassent les expéditions presque à chaque pas. »

Cette tentative généreuse en faveur de la liberté du commerce intérieur fut suivie d'heureux résultats, et l'Assemblée nationale supprima toutes les entraves à la circulation des marchandises.

En 1793, M. Antoine Renouard fut membre de la Commune de Paris, ce qui, aux yeux de certaines personnes, est regardé comme une impardonnable erreur. Mais, à ce moment de fièvre révolutionnaire, la

stances politiques avaient jeté mon commerce, je me suis réfugié chez les Muses, et ce qui, avant 1792, faisait seulement l'amusement de mes loisirs, a pendant ces dernières années fait mon occupation presque entière. »

France tout entière, à part quelques exceptions, était avec ceux qui luttaient contre l'étranger, et il y a des époques où il est bon de rappeler que les vrais Français n'étaient pas dans le camp de Brunswick. D'ailleurs, Antoine Renouard s'occupa de commerce plus que de politique, ainsi que l'indiquent les titres des mémoires publiés par lui pendant cette période [1].

A l'honneur de M. A. A. Renouard, on peut citer un fait peu connu. La populace, égarée par quelques malfaiteurs, tenta à plusieurs reprises de détruire les œuvres d'art que le génie de plusieurs siècles avait données à la France. Un jour il est question de brûler les livres, d'effacer les écussons et les armoiries des reliures, de dilacérer tout ce qui porte une trace quelconque de l'ancien régime. M. Renouard ne peut se résoudre à une semblable profanation. Dans un premier mémoire, il démontre que cette barbarie est absurde et inutile... « J'ose à peine envisager, dit-il dans le style déclamatoire de l'époque, le précipice effroyable dans lequel des fourbes et des méchants voudraient engager des patriotes ardents à précipiter tout ce qui est du ressort de l'instruction et des connaissances humaines. Combien le jaloux orgueil des Anglais serait satisfait si une main ignorante et sacri-

---

1. *Idées d'un négociant sur la forme à donner aux tribunaux de commerce; — Formation de clubs patriotiques dans les diverses sections de la capitale; — Le Cri de douleur, ou Nécessité de réformer le tarif proposé par le comité des impositions pour les contributions indirectes; — Coup d'œil sur les monnoies, sur leur administration et sur le ministre des contributions publiques* (1793). — Voyez, à la fin de ce livre, la notice bibliographique sur les œuvres de M. A. A. Renouard.

lége portait le désordre et la dégradation dans notre Bibliothèque nationale, dans ce monument unique, qu'ils ne peuvent contempler sans palpiter d'envie et de rage ! J'ai vu de mes propres yeux des Anglais sortir de la Bibliothèque nationale furieux et désespérés ; ils étaient comme accablés sous le poids des belles choses en tout genre qu'on s'était empressé de leur faire voir, et leur œil morne et farouche semblait appeler la destruction sur cet admirable monument. »

Entraîné par le courageux appel de M. Renouard, le comité d'instruction publique décide qu'on respectera les livres et qu'on conservera les reliures, les écussons, les manuscrits, sans les profaner par des corrections ridicules. Mais M. Renouard craint que cette décision ne soit pas assez vite connue : pour éviter un malheur irréparable, il fait imprimer à ses frais une seconde notice plus décisive que la première, et l'envoie lui-même aux bibliothécaires de toutes les bibliothèques publiques de France. « Nous avons tant de fripons et de voleurs publics, dit-il, que je serais porté à croire que quelques hommes avides fondent l'espoir d'un immense bénéfice sur les dégradations qu'on cherche à provoquer dans la Bibliothèque nationale. » Il y avait du courage à parler et à agir ainsi sous la Terreur (novembre 1793). Certes ces efforts généreux ont dû contribuer à sauver nos livres, cette richesse nationale que, par une fatale coïncidence dans le crime, les insensés de la Commune de 1871 ont également menacée d'incendie !

Dans les premiers jours de 1794, M. A. Renouard avait épousé la fille du marquis de Beauchamps, qui avait glorieusement combattu à Rosbach, et qui avait été nommé par la noblesse député de la sénéchaussée de Saint-Jean-d'Angély aux États généraux de 1789.

Chose assez étrange, ce patriote jacobin était religieux. Le prénom d'Augustin, héréditaire dans sa famille, indique une sorte de tradition janséniste dont il serait difficile de retrouver l'origine. Cela n'empêcha pas A. Renouard d'être mis en prison après le 9 thermidor, avec la plupart des membres de la Commune de Paris. C'est pendant qu'il était en prison que naquit son fils Augustin-Charles Renouard, dont nous allons raconter la vie (22 octobre 1794).

Charles Renouard fit ses études au Lycée impérial, et il y obtint de nombreux succès. A cette époque, la vie dans les colléges était toute militaire, Napoléon cherchant surtout à se préparer des soldats. Néanmoins l'opinion des écoliers n'était rien moins que favorable à l'empire, malgré les adulations ridicules dont leurs maîtres remplissaient les harangues officielles. Ce sentiment se faisait jour quelquefois. Charles Renouard racontait souvent qu'on avait une fois proposé au concours général, comme sujet de vers latins, le mariage de Napoléon; mais les élèves s'étaient révoltés et n'avaient pas voulu faire la composition prescrite.

En 1810, M. Antoine Renouard alla en Italie pour collationner des manuscrits, et il emmena avec lui son fils aîné Charles, âgé de près de seize ans. En allant de Lucerne à Milan, les deux voyageurs rencontrè-

rent Paul-Louis Courier, et on fit route ensemble.
Quoique les idées d'Antoine Renouard et de Courier
fussent à peu près les mêmes relativement à l'empire,
ils étaient plutôt des philologues que des hommes
politiques, et ils causèrent surtout de livres et de vieilles
éditions classiques ; enfin on parla de Longus et de
Daphnis et Chloé. A Florence existait à la bibliothèque de San Lorenzo un manuscrit avec dix pages
inédites. Tous les autres manuscrits et toutes les autres
éditions présentant cette lacune, il fut convenu que
le jeune Ch. Renouard copierait les pages en question, afin que son père pût enfin faire imprimer une
édition complète de Longus. Malheureusement l'écri-
ture ne plut pas à Courier, qui alla lui-même, au
grand déplaisir du sieur Furia, bibliothécaire, prendre
copie du précieux document. Ce fut une malheureuse idée, car, quelques jours après, Furia décou-
vrit une tache d'encre énorme qui déshonorait le livre
de Longus. Quoique Courier eût reconnu sans difficulté qu'il était l'auteur de ce méfait, il y eut une
discussion longue et aigre entre Furia, Courier et
Antoine Renouard. On accusa Courier d'avoir fait
méchamment une insulte à un manuscrit précieux ;
mais il n'était pas homme à se laisser vilipender sans
répondre, et il n'eut pas de peine à prouver que Furia
n'avait jamais rien compris à Longus, et que la tache
d'encre était un accident involontaire.

En 1813, Charles Renouard entra à l'École normale.
Là il eut pour maîtres ou camarades Royer-Collard,
Guizot, Cousin, Villemain, Patin, Jouffroy, Dubois,
Damiron. Cette jeunesse d'élite, qui devait diriger

notre siècle et former la génération libérale et savante de 1830, était hostile à l'empire, et le premier acte politique de mon grand-père date de cette époque. Lorsque Napoléon revint de l'île d'Elbe, ses amis et lui virent bien que cette tentative serait un nouveau désastre pour la France. Vainement ils tentèrent de s'y opposer; vainement ils escortèrent Louis XVIII, qui fuyait des Tuileries, et allèrent camper dans la plaine Saint-Denis : ce dévouement fut impuissant. L'armée et la population se jetèrent dans les bras de Napoléon.

Deux fois, en peu de temps, la France vit les armées étrangères envahir son territoire, et ces souvenirs douloureux de sa jeunesse M. Renouard ne les avait pas oubliés. En 1872, après une autre invasion non moins cruelle que celles de 1814 et 1815, il adressait aux jeunes gens de virils conseils, et leur rappelait comment la France, par son génie, avait su triompher des plus cruels périls [1] :

« La patrie vous attend et aura besoin de vos efforts; elle souffre et a été bien malheureuse. Mais ce que vous savez déjà de son histoire vous apprend qu'à bien des époques ses désastres ont été grands, et que toujours elle s'en est vaillamment rachetée. Il reste encore des vieillards qui ont vu notre pays deux fois, coup sur coup, souillé par l'invasion étrangère, alors qu'épuisé par les guerres du premier empire il gémissait sous la douleur, plus poignante encore, de se sentir énervé par le long silence de la liberté. Nous

1. Discours prononcé au lycée Condorcet le 13 août 1872.

pouvons dire, nous qui sortions du collége quand cette époque néfaste s'est annoncée, que nous avons vu la France renaître, que nous avons assisté à la libération de son sol, au rétablissement de ses finances, à la mise en œuvre de ses institutions libérales, timides d'abord, et contestées, et chancelantes, mais fécondes et pleines d'espérances qui se sont (la justice veut qu'on le reconnaisse) réalisées en partie. Relevez-vous comme ont fait vos pères ; puissiez-vous, plus sages qu'eux, ne pas laisser le pays user sa dignité et ses forces dans le jeu fatal et corrupteur des révolutions ! »

Au sortir de l'École normale, Ch. Renouard fut chargé de faire un cours de philosophie ; mais la royauté était revenue : le grand maître de l'Université voulait maintenir dans les étroites limites de l'orthodoxie religieuse la parole de ses subordonnés. Cela ne pouvait convenir à l'esprit indépendant de Renouard, et il donna sa démission pour se livrer à l'étude du droit.

Ses premiers travaux furent consacrés à l'enseignement, à l'éducation, à la morale. A un âge où les jeunes gens d'aujourd'hui sont encore sur les bancs de l'école, il s'occupait déjà activement de l'éducation publique ; il faisait partie d'une société *pour l'enseignement élémentaire* (1816), qui a eu une heureuse influence sur le développement de l'instruction, et publiait en faveur de l'éducation mutuelle des notices intéressantes. Quoique ce système ait été généralement délaissé en France, il a rendu d'assez grands services en Angleterre pour qu'on ne l'abandonne pas complétement chez nous. L'institution des *moni-*

tors, choisis parmi les élèves et chargés de les surveiller, de leur donner non des leçons, mais des répétitions, aurait certainement des avantages, et il est bon de ne pas oublier qu'aucune épreuve sérieuse n'a encore été faite de l'enseignement mutuel. Peut-être devrait-on répéter les paroles de mon grand-père en 1816 : « Il faudrait que ces vues pussent frapper quelques maîtres disposés à en apercevoir les heureuses conséquences et à y apporter les modifications nécessaires; il faudrait surtout que des expériences particulières, tentées par ceux qui ajouteront quelque confiance à ces idées, pussent démontrer qu'elles ne sont pas inexécutables. »

On trouve encore dans ce mémoire de 1816 des vues ingénieuses relatives à l'usage de la gymnastique et des exercices du corps dans les colléges. Il semble que ces pages aient été écrites hier, car on a fait peu de progrès dans ce sens, et depuis bien longtemps ceux qui aiment la jeunesse ont vainement réclamé une amélioration.

D'ailleurs, toutes ces idées sur l'éducation, Ch. Renouard les développa quelques années plus tard. Le recueil connu sous le nom de *Tablettes universelles* avait proposé comme sujet de mémoire la discussion des meilleures méthodes d'éducation. La commission, composée de MM. le duc de Broglie, Jomard, Ch. de Rémusat et Guizot, rapporteur, décerna le prix à Renouard pour le mémoire intitulé : *Considérations sur les lacunes de l'éducation secondaire en France* (1824).

Ce livre n'est pas seulement consacré à l'enseignement secondaire; il renferme encore, au sujet de l'éducatiou

primaire, des vues très-libérales. « L'instruction primaire, y est-il dit, prenant tous ses développements et
se liant à une libre organisation municipale, occupera
un jour dans les institutions du pays la place élevée
qui lui appartient. »

L'épigraphe de ce mémoire : *Nil desperandum,* indique le sens général de la pensée qui a dirigé son
auteur, et, si je rapporte cette phrase, c'est qu'elle résume admirablement la philosophie de mon grand-père.
N'est-il pas remarquable de le voir, en 1824 comme en
1876, croire au progrès et à la perfection morale ? Le
fond de son optimisme, c'est presque le contraire
de l'idée ridicule de Pangloss, qui, pour se conformer
à une conception métaphysique, admet que tout est
pour le mieux dans le meilleur des mondes. Non,
tout n'est pas pour le mieux ; non, ce monde n'est pas
le meilleur de tous ; mais l'homme, par son intelligence,
par ses efforts, par son travail, finit par triompher du
mal et par conquérir le bien. « Avez-vous contemplé
l'Océan lorsqu'à l'heure du reflux il commence à retirer
ses eaux ? L'œil, quelque temps incertain, ne reconnaîtrait pas aux seuls mouvements des flots si la mer en-
vahit ou abandonne le rivage ; mais qu'il s'arrête sur ces
scories immobiles qu'elle poussait tout à l'heure sur le
sable, et il n'hésitera plus, car il verra s'étendre à tous
les moments la distance qui les sépare de la dernière
limite où dans leurs oscillations les ondes viennent
mourir. Ainsi, dans les événements de la vie, les alter-
natives perpétuelles de faiblesse et de force, de savoir
et d'ignorance, d'intrigues et de loyauté, de fait et de
droit, d'intérêt et de devoir, jettent parfois le contem-

plateur dans une incertitude affligeante sur ie perfectionnement des institutions humaines, et le tiennent quelque temps en doute sur les espérances de sa raison. Mais un spectacle le rassure : le temps a laissé en arrière les débris de quelque antique erreur disparue du monde sans retour. Il s'écrie à cette vue : « Dans le grand combat du bien et du mal, la lenteur des progrès peut les dérober aux yeux impatients de la génération présente; mais ils existent, ces progrès désirables, et la barbarie fuit incessamment devant la civilisation [1]. »

Pour bien montrer à quel point M. Renouard resta fidèle à ce généreux optimisme, il nous suffira de mettre à côté du mémoire de 1824 le discours prononcé à la Cour de cassation en novembre 1871, au lendemain de cruels désastres.

« Je ne ferai pas, dit-il, comme d'Aguesseau, qui tient pour sérieux ce dicton de décadence progressive, vieux quand Horace l'écrivait dans ces vers :

Ætas parentum, pejor avis, tulit
Nos nequiores, mox daturos
Progeniem vitiosiorem.

« C'est dans les jours mauvais qu'il importe le plus à la dignité humaine de protester contre cette banalité. Il n'y a pas trop à s'étonner qu'elle soit répétée d'âge en âge : les maux dont on est frappé, les vices dont on

---

1 *Considérations sur les lacunes de l'éducation secondaire,* 1824, p. 119.

est témoin ou complice, sont, au jugement de qui en souffre, les pires qui aient existé. Lorsque tant de désastres viennent de nous écraser, tant de défaillances nous humilier, sous la menace d'être ramenés à la barbarie par le crime de la guerre et par l'anarchie, crime encore plus grand; lorsque nous assistions hier au spectacle de dérèglements stupides faisant monter à la surface l'écume de la société, chacun de nous a pu se surprendre à penser et à dire qu'aucun temps n'a été plus digne de pitié que le nôtre. Lisons l'histoire avec sang-froid : ses sanglantes leçons nous apprendront qu'il y a de notre part ingratitude envers la Providence, envers le progrès, qui est son œuvre, et qui poursuit sa marche au milieu des vicissitudes amenées par l'éternel combat du bien et du mal, lorsque nous nous targuons du triste privilége de pâtir plus que nos pères et d'être tombés dans de plus intolérables infortunes. L'accroissement des conquêtes de la science sur le monde matériel, la participation d'un nombre croissant d'êtres humains à la vie intellectuelle et aux aisances de la vie physique, sont des compensations qu'il n'est pas permis d'oublier. Il y a pour notre vitalité place encore à l'espérance et à la force. La France, si peut-être elle n'est jamais tombée de plus haut, a osé à maintes reprises se relever de plus bas. Sachons-le bien, l'avenir appartient aux peuples qui travailleront à se vaincre eux-mêmes plus qu'à ceux qui rêveront à vaincre les autres. Nous serons sauvés si nous comprenons que nos vrais ennemis sont l'égoïsme, la cupidité, le culte de la matière, l'ignorance, le mépris des lois et de l'obéissance, la négation du droit, qui prime la force, la lâche abstention des devoirs politiques. »

De 1820 à 1824, Ch. Renouard publia divers livres écrits dans le même esprit : un petit traité d'*Éléments de morale* et une *Vie de Franklin*, suivie d'extraits nombreux des œuvres de ce philosophe. Cet ouvrage est fort intéressant, plein d'aperçus ingénieux et de récits humoristiques malheureusement peu connus. Je noterai en particulier l'*Histoire du sifflet*, qui est un petit chef-d'œuvre dans ce genre.

Depuis 1817, mon grand-père était avocat à la Cour royale de Paris, et, pendant les treize années qui suivirent, il prit une part active au grand mouvement libéral qui précéda la révolution de 1830.

La lutte pour la liberté était partout, dans la presse, dans les Chambres, dans les écoles; mais nulle part elle ne fut plus active qu'au Palais. En effet, le gouvernement, soucieux de la légalité jusqu'au fameux jour des ordonnances, essayait de réprimer par des procès et par des mesures restrictives de toutes sortes la pensée libérale et démocratique qui se faisait jour à travers les édits et les règlements. Les jeunes avocats, animés d'une ardeur incomparable, se dévouaient à la défense de toutes les causes généreuses. Le ministère public ne se lassait pas de poursuivre, et souvent aussi, hélas! les juges de condamner.

Rien ne peut mieux donner une idée de cet enthousiasme du barreau parisien pour les idées libérales que l'exposé des causes, maintenant oubliées, autrefois célébres, plaidées par M. Renouard; mais, outre l'intérêt historique et politique qui s'y attache, nous y trouverons encore un grand intérêt moral. La question de droit, quoique savamment traitée, est au second plan ; ce qui domine, c'est l'élévation morale, une sorte de sérénité philosophique qui, dédaignant les arguties du Palais, porte la question dans le domaine de la justice et de la vérité éternelles.

Parmi ces procès, l'un des premiers est celui de Goupillon, compromis dans la célèbre affaire dite des Sergents de La Rochelle.

On sait quelles furent les péripéties de ce douloureux épisode. De 1820 à 1822, le mécontentement général avait fait naître un grand nombre de sociétés secrètes. L'une des plus puissantes fut celle des carbonari. Il y avait des carbonari jusque dans l'armée, et spécialement dans certains régiments. Bories, Raoux, Pommier, Goubin et Goupillon, tous cinq sergents-majors au 45e de ligne, étaient affiliés au carbonarisme et avaient conçu un vague projet de soulèvement militaire. L'autorité, inquiète des agissements de Bories, l'avait fait emprisonner à Nantes. Quelque temps après, on mit aussi en prison Pommier et Goubin. Goupillon, esprit exalté, tête faible, se crut trahi : il fit quelques aveux incomplets ; puis, pressé par d'adroites interrogations, il finit par avouer, en pleurant, que Bories, Pommier, et d'autres encore, faisaient, comme lui, partie d'une société secrète sur laquelle il donna quelques renseignements très-peu explicites.

Cela suffisait au gouvernement, qui cherchait partout des complots et des conspirations. Bories, Raoux, Goubin, Pommier, Goupillon et quelques autres comparurent devant la Cour d'assises de la Seine le 21 août 1822.

Les avocats des accusés étaient les plus illustres du barreau : Mérilhou, Barthe, Boulay de la Meurthe, Dupin, Mocquard, Delangle, Berville, Chaix d'Est-Ange, Plougoulm, etc. Berryer avait été nommé d'office pour défendre Goupillon ; mais il recula devant cette tâche ingrate, car Goupillon était le traître qui, par faiblesse, par pusillanimité, avait révélé tout le complot. Renouard n'hésita pas à prendre la défense de ce malheureux. Plus d'une fois nous le verrons agir ainsi, et devant une difficulté, devant un péril, s'engager sans hésitation. Il ne redoutait ni l'impopularité ni la disgrâce, et ne cherchait d'autre satisfaction que celle du devoir accompli. Il eut donc le courage de défendre Goupillon, que tout le monde repoussait, et dont le seul espoir de salut était son indignité même, c'est-à-dire la révélation du complot et la trahison de ses camarades.

M. de Marchangy représentait le ministère public. Il fut d'une sévérité implacable et demanda douze condamnations capitales ; il effraya les jurés et la Cour en leur présentant les carbonari comme une société organisée pour la destruction et le pillage.

De leur côté, les avocats cherchèrent à établir que faire partie d'une société secrète n'est pas un crime de haute trahison ; que, pour qu'il y ait complot ou conspiration, il faut un plan d'exécution et même un commencement d'exécution ; que des conversations répréhensibles, criminelles même, ne peuvent être assimilées à un crime, et que ces jeunes sous-officiers, coupables de légèreté et d'imprudence, ne sont ni des assassins ni des incendiaires.

C'est aussi de cette manière que Ch. Renouard défend Goupillon. Il nie l'existence d'un complot, d'une conspiration ; mais, s'il y a réellement eu complot ou conspiration, Goupillon mérite d'être acquitté, car il a révélé des faits importants.

« Oh ! combien cet acquittement lui paraîtrait chèrement acheté ! Si son cœur s'est brisé plus d'une fois pendant le débat, c'est à un sentiment généreux et non à la frayeur du poignard des carbonari qu'il faut l'attribuer. Mais non, vous ne frapperez pas ces jeunes hommes, auxquels un long avenir est promis encore pour expier par une vie toute d'honneur quelques fautes de leur âge ! J'ai entendu le ministère public (et j'avoue que j'en ai frémi) vous exhorter à une justice intrépide, et compter parmi les fausses vertus du siècle une philanthropie imprudente qui conseillerait la capitulation à la victoire même. Pour moi, dussé-je être taxé de philanthropie, j'éloignerai de tous mes vœux ces temps déplorables où la justice serait une victoire, et une victoire sans pitié ! »

Le procès dura longtemps et fut marqué par un épisode que mon grand-père aimait beaucoup à raconter. A un moment, Goupillon, pressé par M. de Marchangy, par le président, par les témoins, est sur le point d'aggraver par de nouvelles révélations la position de ses camarades. Brusquement, son défenseur se lève, et, d'une voix retentissante : « Goupillon, dit-il, je vous défends de parler ! » Le président et le procureur général interpellèrent vivement l'avocat ; mais l'effet moral était produit, et Goupillon, rappelé à l'honneur, se tut.

La cause de Goupillon fut gagnée ; il bénéficia de la révélation du complot et fut acquitté. Quant aux autres malheureux jeunes gens, Bories, Raoux, Pommier et Goubin, ils furent condamnés à mort et exécutés.

Il est peut-être intéressant de montrer par les lettres que M. Renouard écrivait à sa femme[1] quels étaient alors ses sentiments (7 septembre 1822) : « Tu as déjà vu, par les journaux, l'affreuse issue de l'affaire de La Rochelle. J'ai passé, je t'assure, l'avant-dernière nuit dans un genre particulier de douleur dont je n'avais pas l'idée, et qui doit ressembler au serrement de cœur qu'éprouvèrent les témoins de la Révolution. Tu ne saurais te faire une idée du courage admirable des quatre malheureux jeunes gens si inhumainement condamnés. Nous qui les avons vus et connus si forts depuis quinze jours, nous étions dans une affliction profonde, et on aurait vraiment dit que c'étaient les avocats qui étaient les condamnés... L'audience s'est prolongée jusqu'à une heure du matin. Je me suis réveillé la nuit plus de dix fois en pensant à ces pauvres jeunes gens, si pleins de courage ! L'un d'eux surtout, Bories, est un homme du plus beau caractère, plein d'esprit et d'amabilité. Sa condamnation a causé autant de surprise que de douleur. Quant à Goupillon, ce malheureux est désespéré, tout exempté de peine

---

1. En 1821, mon grand-père avait épousé la fille de M. Girard, ingénieur divisionnaire des ponts et chaussées et membre de l'Institut.

qu'il est, puisqu'il ne doit son salut qu'à la condamnation de ses camarades. »

L'exécution et la condamnation des quatre sergents de La Rochelle furent légales ; mais cette légalité n'était pas la justice. La mort de Louis XVI fut légale, comme la mort de Labédoyère et celle de Ney ; mais ces exécutions politiques ne profitent jamais au parti qui les a ordonnées : tôt ou tard il doit les expier. Il n'y a pas de prescription pour l'opinion publique, et, quoique de nombreuses années aient succédé à celle qui a vu monter sur l'échafaud Raoux et Bories, la mort de ces jeunes gens est encore dans les souvenirs populaires.

Mon grand-père plaida encore plusieurs causes importantes : devant la Cour des pairs, dans le procès de la conspiration de 1820 ; plus tard, pour le colonel Sauzet, dans l'affaire dite du Bazar parisien ; dans l'affaire des *Nouvelles Lettres provinciales* de d'Herbigny ; dans le procès du *Bréviaire parisien*.

La plupart des procès qu'il plaida furent des procès de librairie et de presse. La position de son père, qui était un des principaux libraires de Paris, lui donna cette clientèle des libraires, fort importante alors. En effet, la loi de 1819 rendait le libraire responsable et frappait de peines rigoureuses tous ceux qui avaient publié des ouvrages déplaisant au pouvoir royal ou à la toute-puissance ecclésiastique de cette époque ; on allait même jusqu'à poursuivre les réimpressions d'anciens ouvrages. Ainsi, Domère, ayant réimprimé le fameux ouvrage de d'Holbach sur le *Système de la nature*, fut accusé d'avoir commis un outrage à la morale publique et à toutes les religions, notamment à la religion de l'État. Ch. Renouard le défendit avec vigueur; il plaida la cause non du livre lui-même, qui est franchement mauvais, mais de la liberté d'écrire de mauvais livres, et surtout de les réimprimer. Ce n'était pas un argument d'avocat, mais le fond de sa pensée tout entière. Combien de fois lui ai-je entendu répéter, à peu près dans les mêmes termes, ces paroles si sages qu'il adressait au tribunal de 1822, devant lequel était cité Domère : « N'avez-vous donc pas assez de confiance dans la religion, dans la vertu, dans la vérité, pour ne pas craindre les discussions ? Est-ce que les mauvais ouvrages ne sont pas victorieusement réfutés par les bons? Il n'y a pas de livre si plein d'erreurs où ne paraisse quelque vérité, et, lorsque des erreurs se reproduisent obstinément, il faut qu'elles se produisent au grand jour pour avertir les bons esprits de la nécessité du remède. La lumière ne tue que le mensonge; les ténèbres ne nuisent qu'à la vérité. Ne cherchez donc pas par des prohibitions mesquines et inutiles à imposer une vérité comme un dogme : c'est par la lutte et le conflit des opinions rivales qu'elle pourra s'établir. Les persécutions ne servent jamais que l'erreur. »

Et cependant Domère, pour avoir réimprimé un ancien ouvrage qui avait eu trois éditions, fut condamné à six mois de prison et 1,000 francs d'amende.

Ch. Renouard plaida encore beaucoup d'autres procès de libraires moins importants, et que je ne signale pas, car mon intention est surtout de mettre en lumière cet amour de la liberté et de l'humanité, cette tolérance et cet optimisme qui éclatent dans toutes ses œuvres et dans tous ses discours [1].

Il poussait si loin la tolérance qu'il ne craignait pas de se mettre en contradiction avec quelques-uns de ses amis. Ainsi, en 1826, après le fameux mémoire de Montlosier sur la congrégation de Jésus, il défendit (*Gazette des Tribunaux* du 14 août 1826) dans une consultation écrite la cause des jésuites au nom de la liberté, et nous croyons pouvoir donner ici cette argumentation serrée et concise, qui serait encore applicable aujourd'hui ; « Contre les dangers des jésuites il existe une défense suffisante : c'est la liberté. Ne craignez ni congréganistes ni jésuites, si tout le monde peut s'assembler librement et proclamer ses doctrines sous la seule responsabilité des lois répressives. Cette vue législative est juste et salutaire. Oui, la liberté nous sauverait!

« Cependant la loi existe et condamne les associations illicites. Que cette loi soit mauvaise, peu importe : il faut que les jésuites la subissent ou la combattent ouvertement, de manière à déterminer sa transformation. Au lieu de les laisser échapper en entr'ouvrant la porte des interprétations, il est bon qu'emprisonnés avec nous dans la législation, ils

---

1. En 1827, il fut chargé par un certain nombre de libraires d'appuyer par une consultation écrite une pétition, adressée à la Chambre des députés, relative à la loi draconienne sur la presse et la librairie. Son mémoire serait encore maintenant très-bon à consulter.

ne puissent devenir libres qu'en la brisant pour leur avantage et pour le nôtre. »

Ses occupations d'avocat ne l'empêchaient pas de donner une grande partie de son temps à la Société de l'éducation élémentaire, à la Société de morale chrétienne. Pendant cette période de 1820 à 1830, qui fut la plus active de sa vie, il lut un grand nombre de rapports, de mémoires, de projets, et son zèle de moraliste, ardent à faire des prosélytes, ne se ralentit pas un instant : tantôt c'est contre la traite des noirs, tantôt c'est pour l'abolition de la peine de mort, tantôt encore, et avec une sorte de prédilection, pour l'instruction primaire. M. Renouard a toujours cherché à rendre populaires, à vulgariser la vérité et la science. En 1826, il demandait qu'on mît au concours la composition de petits manuels destinés à répandre parmi les ouvriers ou les paysans des notions élémentaires de chimie, de botanique, d'agriculture, etc. Ce n'était pas une idée fugitive, car le souci de l'instruction populaire le préoccupa toute sa vie : il y a deux ou trois années à peine, à l'Académie des sciences morales et politiques, il proposait comme sujet de prix un traité élémentaire où les notions les plus élevées du droit seraient mises à la portée de tous. Peut-on ne pas admirer, pendant une si longue carrière, au milieu de si graves soucis, cette touchante sollicitude pour l'instruction et l'éducation morale des classes pauvres [1] ?

La fin de la carrière d'avocat de M. Renouard fut

1. A plusieurs reprises mon grand-père a cherché à composer des ouvrages de morale populaire. J'ai retrouvé dans

marquée par un grand procès, longtemps célèbre, le procès du journal *le Globe*.

On sait le rôle prépondérant joué par ce journal pendant la fin de la Restauration. Le *Globe* avait été fondé en 1826 par Pierre Leroux. Ce devait être d'abord un recueil de voyages, dans lequel prendraient place des détails de géographie politique, commerciale, scientifique. Mais bientôt le journal changea de direction. P. Dubois amena avec lui les anciens élèves de l'École normale. Le journal devint une encyclopédie, vivante, savante, lumineuse, impartiale; et cela se comprend sans peine, puisqu'elle était rédigée par des hommes comme Ch. de Rémusat, Patin, Vitet, Jouffroy, J. J. Ampère, Dubois, Renouard, Villemain, Cousin, tous animés par l'ardeur de la jeunesse et du talent. Gœthe, alors à l'apogée de sa gloire, lisait attentivement ce journal, et il fut extrêmement surpris quand il apprit, par J. J. Ampère, je crois, que ses rédacteurs n'étaient pas de vieux magistrats, de vieux savants blanchis sous le harnais, mais de tout jeunes gens, ayant à peine quitté les bancs de l'école.

Les circonstances forcèrent bientôt les rédacteurs du *Globe* à quitter la marche calme et scientifique des premiers jours. Le ministère du 8 août 1829 avait

ses papiers un travail considérable, malheureusement inachevé : ce sont des conversations entre un instituteur et des enfants. Le maître cherche à donner des notions élémentaires sur l'histoire, la géographie, la langue française, etc. Cela devait être divisé en cinquante-deux leçons, de sorte qu'avec une lecture par semaine on aurait en une année parcouru tout le cycle de l'éducation primaire.

été jeté comme un défi à la nation. Pour mieux répondre, pour mieux lutter, à partir du 15 février 1830, le *Globe* devint un journal quotidien, et se signala, comme le *National,* par une polémique ardente, à la fois hardie contre le ministère et respectueuse pour le gouvernement. Deux articles écrits par Dubois (15 et 19 février 1830) furent déférés au tribunal par le ministère public.

Le 19 mars, M. Levavasseur soutint l'accusation. Ce réquisitoire paraîtrait de nos jours un peu suranné, comme il dut le paraître alors. M. Levavasseur reprend avec amertume la phrase de Dubois : « Droits féodaux, dîmes, places, pensions, décorations, titres, on n'entendait que des cris; ils étouffèrent bien vite quelques signes heureux. La nation trembla... Un coup de vent lui ramena son empereur... » — « Son empereur ! s'écrie M. l'avocat du roi, son empereur ! Et qu'était donc devenu son roi ? » (Sourires dans l'auditoire.)

M. Levavasseur, continuant, relève cette phrase, qui lui paraît odieuse et animée du plus mauvais esprit : « Nous n'avons jamais affecté de faux amour pour des princes auxquels nous ne sommes attachés par aucun lien que par celui de la loi, seul engagement politique de notre temps. » — « Arrêtons-nous, dit-il, sur ce paragraphe... D'où vient cette affectation d'indifférence pour le prince qui nous gouverne ? Croit-on par là se mettre au-dessus du vulgaire ? L'attachement et le dévouement pour le prince ne sont plus de notre âge, sans doute : il faut laisser ces sentiments aux hommes gothiques et aux temps barbares. (Hilarité générale.)

Ces rires sont inconvenants, et nous plaignons ceux qui partagent cette froide indifférence. »

Il était facile de répondre à cette argumentation sentimentale. La plaidoirie de Ch. Renouard fut décisive. Un journal dont les idées étaient toutes différentes de celles du *Globe,* et qui n'a guère changé que de format depuis 1830, le *Correspondant,* s'exprimait ainsi : « Les mouvements oratoires (de M. Levavasseur), le sentiment du bien, ne suffisent pas pour déconcerter le calme étudié avec lequel ses adversaires se jouent des questions vitales. Ces raisonnements hautains, mais froids, cette passion haineuse et apprêtée qui se cache sous une indifférence factice, ont beau jeu quand on leur oppose les élans passionnés du cœur. » C'était dire assez nettement que M. Levavasseur fut complétement battu.

Ch. Renouard montre qu'il n'y a jamais eu dans les articles incriminés d'attaque contre le roi, qui est irresponsable, mais contre les ministres : « L'expression du gouvernement, c'est la loi : ce n'est pas la volonté mobile des ministres. Quand on attaque les ministres, on ne s'en prend pas au gouvernement royal, mais à la contre-révolution, dont le ministère est le champion et le représentant.

« Le gouvernement du roi, c'est l'ensemble de nos institutions ; le roi, les Chambres, le ministère, c'est vous-mêmes, distribuant au nom du roi la justice, et faisant précéder de son nom vos arrêts et vos jugements.

« C'est contre le ministère seul que nous lançons les traits qu'il veut détourner contre la monarchie elle-même. Si nous l'attaquons, c'est précisément parce qu'il a faussé, méconnu, attaqué le gouvernement du roi ; parce qu'il a par lui ou les siens répandu contre les lois le fiel et l'injure.

« Et c'est nous que l'on accuse d'exciter à la haine et au mépris du gouvernement du roi !

« Le ministère public s'indigne d'une phrase dans laquelle nous parlons des conditions qu'on a faites à la royauté en 1814 et en 1815 ; cependant Louis XVIII a été moins susceptible, car ces conditions, c'est la Charte même qu'il a acceptée. La royauté ayant reconnu nos droits, nous avons reconnu les siens, et le roi, en proclamant son droit royal de légitimité, proclamait aussi les droits de la nation. C'est cette alliance entre la France et le roi que depuis seize ans, avec des succès divers, nous n'avons cessé de poursuivre.

« Mais un parti s'y oppose qui se dit bien à tort royaliste ; ce parti avoue hautement ses projets : les brochures se succèdent, les articles de journaux se pressent ; on parle de coups d'État, de dictature, de pouvoir constituant de la royauté. L'impatience du triomphe les a pris, les voilà qui veulent *monter à cheval !* Et cependant le ministère public ne les a pas poursuivis ! Est-ce que ces hommes qui mènent la royauté à un précipice sont les bons serviteurs de la royauté ? Non, les bons serviteurs de la royauté sont ceux qui défendent la Charte et montrent qu'il n'y a de salut que dans le respect de la loi.

« Nous ne recherchons pas une vaine popularité, mais la satisfaction intime de la conscience qui peut se dire qu'elle a bien fait. Cette satisfaction consolante est

la même que celle du magistrat qui, se mettant au-
dessus des petites passions, se refuse à frapper des
hommes que la société et l'honneur public voudront
toujours prendre pour modèles. »

Le *Globe* fut condamné. Les conseils salutaires ne
furent pas suivis : la Chambre des députés fut dissoute,
et le 26 juillet parurent les ordonnances qui furent le
signal de la révolution. Nous laisserons parler Ch. Renouard, qui, dans les lettres qu'il écrivait à sa femme,
raconte la part qu'il a prise à ces grands événements.
Les sentiments qu'il a éprouvés peuvent donner une
idée assez exacte des émotions enthousiastes que les
Parisiens ont dû ressentir alors.

26 juillet. — ...J'en étais là de ma lettre lorsqu'on
vient m'apprendre de fières nouvelles. Le voici enfin, ce coup d'État tant annoncé ! Il est dans le *Moniteur :* tous les journaux supprimés, la Chambre cas-
sée, la loi d'élections bouleversée ! Il faut que bien vite
je m'habille et sorte pour aller aux nouvelles, car il va
y avoir de grands partis à prendre. Mais qu'allons-
nous voir ? Dieu le sait.

28 juillet. — Je ne sais si ma lettre t'arrivera, car
il est possible qu'on les arrête toutes ; on les ouvre
peut-être. En ce cas, celui qui ouvrira celle-ci y lira
qu'il fait un métier infâme. Je rends grâces au Ciel que
tu ne sois pas ici ces jours-ci. Depuis que j'existe, je
n'ai rien vu de tel que la position actuelle de Paris.
Paul [1] a fermé, de même que la plupart de ses con-
frères.

1. Paul Renouard, son frère, imprimeur.

3o *juillet*. — Nous venons de passer de terribles et magnifiques journées ; elles valent bien une relation. — Les ordonnances du coup d'Etat ont été publiées dans le *Moniteur* du 26 ; elles me sont tombées comme la foudre pendant que je t'écrivais. — Toute la journée j'ai été sur pied, en course aux nouvelles, et chez mes amis, surtout au *Globe*. Le soir, il y avait du tapage dans les rues, moins qu'aux troubles de la rue Saint-Denis, car il n'y avait ni illuminations ni fusillades. — Le lendemain 27, les journaux ont déclaré la guerre aux ordonnances et fait d'assez terribles menaces. J'ai vu dans la journée, à cinq pas de moi, un gendarme couper d'un coup de sabre le collet de velours d'un citoyen fort paisible. La chaleur était étouffante. Le soir, en revenant du *Globe*, il était impossible de passer ; on se massacrait rue Saint-Honoré, au Palais-Royal, sur les quais.

Le lendemain 28 est la grande et chaude journée. J'ai voulu aller, le matin, voir ce qui se passait au Palais. On se battait, quand j'y suis arrivé, sur le pont au Change, et presque au même instant au pont Neuf. Je restai là près d'une heure au milieu de la plus vive fusillade. Toute la journée, toute la nuit, on s'est battu avec un acharnement incroyable.

Je m'arrête là, car la fatigue m'accable. Aujourd'hui, quand je mets ma lettre à la poste, la question militaire est irrévocablement décidée. La question politique sera jugée prochainement... J'ai vu des jours auxquels les plus beaux jours de la Révolution n'ont rien de comparable.

Dimanche 1er *août*. — J'ai écrit à mon père pour lui annoncer sa nomination comme maire du 11e arrondissement. Il faut qu'il arrive ici sans nul délai. Ce sera le père qui succédera au fils, car, depuis le 28, nous sommes quinze conseillers municipaux établis en permanence à la mairie.

Tout rentre dans l'ordre avec une promptitude vraiment miraculeuse. Du reste, tout est miracle dans la semaine qui vient de se passer : c'est la plus belle semaine de l'histoire de Paris. Les exemples de courage, de probité, d'amour de l'ordre, d'humanité, ont abondé par milliers. Dimanche dernier, Charles X signait les ordonnances de coup d'Etat : aujourd'hui dimanche, la révolution est terminée.

Je ne sais par quel bout prendre pour te raconter quelques-uns des détails de ces magnifiques journées. Les paroles manquent et la plume ne va pas assez vite, tant il y a de choses à dire. Je n'ai point fait le coup de fusil : ce n'est pas là mon affaire. Le lundi 26, j'avais fortement engagé les imprimeurs à fermer leurs ateliers, et cette fermeture d'ateliers, le 27 au matin, a donné l'exemple, de même que les promenades des ouvriers imprimeurs, ce même jour 27, ont été une des causes les plus actives de l'insurrection. La journée du 28 a été héroïque. J'enrageais de ne pas me battre, quoique convaincu qu'il faut faire ce qu'on sait, et qu'un fusil dans ma main aurait été bien gauche. Le 29, on s'est encore battu ; mais la victoire était décidée dans Paris. Il y avait beaucoup de chances encore pour une attaque et un retour des troupes sur Paris. Dès le matin, plusieurs personnes du quartier avaient

fait afficher une convocation pour midi à notre mairie [1].
Après avoir couru les boulevards et les admirables
palissades de tous ces arbres coupés et versés en travers
de distance en distance, j'ai lu sur mon chemin une
convocation de réunions en permanence dans les
mairies. Cette convocation n'a eu d'effet que pour la
nôtre. J'y étais à midi. Au premier coup d'œil, j'ai
aperçu bon nombre d'intrigants de toute sorte qui
allaient tâcher de faire les importants et de se mêler
des affaires. J'ai eu le courage de me proclamer moi-
même sur une liste de cinq personnes pour former le
noyau d'une municipalité provisoire. J'avais en outre
désigné notre voisin M. Lemercier, Cousin et deux
autres personnes. On m'a prié de présider l'assemblée.
Je suis monté au bureau, et j'ai eu une heure de présidence, où j'ai fait de telles dépenses de voix que j'en
suis encore enroué... Bref, au bout d'une heure, je fai-
sais partie d'une municipalité de quinze membres qui
a été organisée un jour avant celles de tout le reste de
Paris. Déjà, dans notre quartier et dans bien d'autres
endroits, il y avait eu des tumultes populaires : car le
danger du 28 était un danger de coups de canon et de
fusil ; le danger du 29 était celui d'un pillage et d'une
anarchie populaire. Ce jour-là, dans trois ou quatre
imprimeries, on avait brisé les presses mécaniques, et
l'on annonçait la volonté de les briser toutes. Le peuple
avait pillé le musée d'artillerie, envahi l'archevêché et
les Tuileries, sans pillage toutefois, car il y a eu là
des traits de probité populaire que vous lirez dans les

1. Mairie du Luxembourg (11e arrondissement), rue Ser-
vandoni.

journaux et qui font pleurer d'admiration. A peine
étions-nous installés qu'on nous a avertis que quatre-
vingts ou cent hommes allaient piller la Chambre des
pairs. Quatre gardes nationaux ont été envoyés par
nous avec un de nos commissaires, et le peuple s'est
respectueusement retiré devant eux. Nous n'avons pas
été installés à temps pour préserver entièrement un
couvent de la rue d'Enfer ; mais nos commissaires ont
du moins obtenu qu'on ne brûlât que quelques livres
et choses sans valeur. Si j'en ai le temps, j'écrirai les
scènes de toutes sortes de nos deux jours et demi de
municipalité permanente. Nous y avons vu de tout,
et j'ai fait un cours complet de politique. C'est un tout
petit coin du tableau qui répétait le grand tableau
général.

2 *août*. — ... J'ai un petit côté d'histoire diploma-
tique. Le 29, comme je dînais chez le général O'Connor,
un très-grand personnage, que je ne connaissais que
de nom, a demandé à me parler, et sur l'escalier m'a
annoncé la nouvelle de la révocation des ordonnances
et de la nomination de MM. de Mortemart et Gérard
comme ministres, en m'engageant à voir, pour plus de
renseignements, M. de Sémonville. L'occasion était
belle pour intrigailler ; mais tu comprends bien que ce
n'est point un rôle à ma taille, et de la visite je me
suis abstenu. Le lendemain matin, à la mairie, un
garçon de bureau, employé à la Chambre des pairs,
est venu nous prévenir que le grand référendaire
demandait à voir un ou deux de MM. les conseillers

municipaux. Nous lui avons fait répondre par le même garçon de bureau que nous étions entièrement occupés de pourvoir à la tranquillité du quartier, et qu'il nous serait impossible de déplacer aucun de nous. Un quart d'heure après, il est arrivé lui-même et a demandé à être introduit. Comme c'est un des hommes de France qui a le plus d'esprit, il nous a fait un discours plein de finesse, d'adresse, de légèreté entremêlée de pathétique, pour nous raconter son arrivée à Saint-Cloud auprès du roi, son entrevue, ses querelles avec M. de Polignac, la promesse du roi de révoquer les ordonnances. C'était pitié de voir un vieillard aussi spirituel dépenser tant de diplomatie et essayer sur nous des paroles à effet qui ne prenaient point du tout. Il termina en nous annonçant que M. de Mortemart, premier ministre, était à la Chambre des pairs, et désirait qu'un ou deux de nous des plus raisonnables (car, ajoutait-il, il y a toujours du plus ou du moins, même parmi les personnes les plus raisonnables) voulussent bien se rendre près de lui. La harangue avait fait effet sur une ganache d'entre nous, auquel nous avons coupé la parole pour laisser parler notre président, M. Lemercier, qui, avec toutes les formes les plus polies, déclara que nous voulions rester neutres sur la question politique, et que nous ne nous donnerions pas le ridicule de nous rendre chez M. le duc de Mortemart : sur quoi le rusé diplomate nous dit que nous avions parfaitement raison, et partit la queue entre les jambes. Quelques heures plus tard, un autre émissaire de moins haut étage, un juge très-faufilé dans les faiseurs jésuitiques, vint à moi pour causer. Il me parut destiné à répandre une proposition dont tout annonçait le rejet par tout le monde. Le nouveau projet était l'abdication du roi et du dauphin en faveur du duc de Bordeaux, avec régence du duc d'Orléans. Nulle autre part je n'ai ouï parler de cette combinaison. Ce fut ce même jour que la lieutenance générale du royaume fut déférée au duc d'Orléans, et le lendemain 31 a eu lieu son acceptation solennelle, la proclamation solennelle à la Chambre, la visite du duc à l'Hôtel de ville. C'est ce même jour que mon père a été nommé maire, comme celui des scrutateurs aux dernières élections qui a obtenu le plus de voix.

Dans le milieu du mois d'août, le duc de Broglie, alors ministre de la justice, proposa à Ch. Renouard de le nommer conseiller d'État. Mon grand-père accepta, mais ce ne fut pas sans de longues hésitations. Il avait alors, comme avocat, une position aussi brillante que toute fonction publique, et, s'il préféra le Conseil d'État, ce ne fut point par ambition. Toujours son aversion a été profonde pour toutes les questions d'intérêt, et c'était pour lui un véritable supplice que de régler avec les clients la question des honoraires. Un jour, après avoir plaidé et gagné une affaire assez importante, il reçoit de son client la somme de 20 francs... Il répond aussitôt qu'il refuse ; mais, craignant d'avoir été trop loin : « J'aimerais à savoir, écrit-il, que vous ne vous blesserez pas de mon refus plus que je n'ai été blessé de votre offre. » Ce qui lui fit abandonner la carrière d'avocat, où il avait déjà remporté d'éclatants triomphes, ce fut ce désintéressement, peut-être exagéré, cette invincible répugnance pour tous rapports pécuniaires avec sa clientèle.

Au mois d'octobre 1830, il fut nommé secrétaire général du ministère de la justice, en remplacement de **M. Mérilhou**. Pendant sept ans, sous divers ministères, il occupa ce poste important.

Il avait l'habitude de conserver toutes les lettres qu'il recevait et de les classer soigneusement. Plus tard, il prenait plaisir à revoir cette volumineuse correspondance, où abondent les demandes de places. Il est assez curieux de voir qu'elles se résument presque toutes, surtout pendant les deux premières années, par une même formule : « Dans les glorieuses journées, j'ai joué mon rôle, et tout le monde sait que je suis un ardent partisan de la monarchie de Juillet. » En souriant avec indulgence, mon grand-père disait : « Il ne faut pas se hâter. d'accuser la platitude ou la servilité des hommes. Est-ce qu'après 1815 il n'en a pas été de même ? Tout le monde voulait avoir aidé à l'expulsion du conspirateur corse ? Est-ce qu'après 1852 les demandes de places ne s'appuyaient pas sur des protestations de fidélité à la noble et glorieuse dynastie de Napoléon ? est-ce qu'après le 4 septembre chacun ne s'est pas jeté sur les places en alléguant sa fidélité au gouvernement républicain et sa haine envers tous les autres régimes ? »

En 1831, Ch. Renouard fut nommé député par le collége électoral d'Abbeville, et à plusieurs reprises il fut renommé jusqu'en 1846.

A la Chambre des députés et au ministère de la justice, il donna l'exemple du travail : au ministère, il s'oc-

cupa surtout du personnel, tenant compte avant tout
de la scrupuleuse moralité des magistrats qu'il nom-
mait, et n'écoutant les recommandations que comme
des renseignements utiles; à la Chambre des députés,
il prit part à plusieurs discussions importantes; il ne
s'occupa pas de politique proprement dite, ayant assez
peu de souci des petites intrigues parlementaires; il
votait généralement avec le parti dit doctrinaire,
représenté par Guizot, le duc de Broglie, etc.

Ce n'était guère que dans les questions d'affaires qu'il
paraissait à la tribune. Il prit une part active à l'éla-
boration des lois sur les faillites, sur les brevets d'invention, sur la réforme du Code pénal, sur l'expropriation pour cause d'utilité publique, sur le travail
des enfants dans les manufactures; il fut rapporteur
d'une loi fondamentale sur l'instruction primaire en
France, et son rapport serait aujourd'hui encore
médité avec profit.

Quand il quitta le ministère de la justice, il fut
nommé conseiller à la Cour de cassation (1837). Il fut
fait pair de France en 1846.

La dernière année de la monarchie de 1830 fut
marquée par un événement considérable dans lequel
il joua un rôle important.

En 1842, M. Teste, alors ministre des travaux publics, avait reçu une forte somme d'argent (100,000 fr.
environ) pour donner la concession des mines de sel
de Gouhenans à une société d'actionnaires. Le général Despans-Cubières était présumé l'entremetteur de
cette affaire. Ces deux personnages étaient membres
de la Chambre des pairs. La publication de lettres

confidentielles ayant révélé au public ces faits, la Chambre des pairs dut nommer une commission, choisie dans son sein, pour examiner s'il y avait lieu de poursuivre. Dans cette commission se trouvait M. Renouard, et il en fut le rapporteur. Certes c'était une tâche pénible, embarrassante, attendu qu'à ce moment les preuves décisives faisaient à peu près défaut. C'est pour cela sans doute que M. Renouard accepta.

Peut-être, à ce moment, sa conviction était-elle faite ; cependant il se contente d'indiquer qu'il y a des présomptions graves, si graves qu'il est nécessaire de poursuivre. « La conduite d'un seul fonctionnaire, dit-il dans son rapport, est restée à éclaircir. Quant aux autres agents de l'administration, depuis les plus élevés jusqu'aux plus modestes, il n'y a place à aucun soupçon. Mais ce seul fonctionnaire, de l'appui intéressé duquel on s'est targué, est un pair de France, un magistrat, un ancien ministre. La nation met une louable fierté à aimer que son respect accompagne son obéissance ; elle veut et a le droit de vouloir que la gestion de ses intérêts soit confiée à des hommes intègres et purs... En France, pays d'honneur et de justice, on sait remplir un double devoir : celui de ne tolérer aucun méfait, de quelque part qu'il vienne ; celui de ne condamner personne sans une pleine conviction de sa culpabilité. »

La Chambre des pairs ratifia les conclusions du rapporteur, et décida que M. Teste et M. Despans-Cubières seraient mis en accusation.

On sait que jusqu'au dernier moment M. Teste se

défendit avec énergie. Son crime, quoique probable, ne pouvait être prouvé, lorsqu'une révélation inattendue vint renverser son système de défense et le contraindre à des aveux complets, suivis le lendemain d'une tentative de suicide.

Quelques mois après ce triste procès éclatait la révolution de 1848.

Cette révolution supprima la Chambre des pairs, mais respecta la Cour de cassation. M. Renouard, se donnant tout entier à ses fonctions de magistrat et à ses travaux de jurisprudence, ne se mêla pas aux agitations stériles de cette époque, et il est probable qu'il eût persévéré dans cette abstention si la force des événements ne l'eût amené à jouer un rôle glorieux au moment du coup d'État.

Le 2 décembre 1851, au matin, les Parisiens virent les rues occupées par des soldats ; des affiches menaçantes annonçaient que le prince-président avait remplacé la Constitution par une dictature militaire. Une Haute Cour de justice avait été établie par la Constitution à l'effet de juger les attentats de ce genre. Les juges de cette Haute Cour étaient : MM. Hardouin, président ; Pataille, Delapalme, Cauchy, Moreau (de la Seine) et Quesnault. Dans la journée du 2 décembre, ils se réunirent. La fonction de procureur général fut offerte à M. de Royer : M. de Royer n'accepta pas. Les membres de la Haute Cour convinrent alors de nommer M. Renouard procureur général. Dans la soirée du 2, M. Renouard en fut officieusement averti par son ami M. Quesnault. Il n'hésita pas une seconde : son opinion sur le prince Louis-Napoléon et sur l'attentat du 2 décembre était faite; il crut qu'il était contraire au devoir de se refuser à flétrir un crime, et il accepta.

Le matin du 3 décembre, à huit heures, il reçut un laconique billet ainsi conçu : « Ce 3 décembre 1851. — Le président de la Haute Cour prie M. le conseiller Renouard de vouloir bien se rendre aujourd'hui, 3 décembre, à midi, dans la salle de la bibliothèque de la Cour. »

A midi, en effet, dans la salle susdite, eut lieu la réunion de la Haute Cour. On donna acte de la nomination de M. Renouard comme procureur général. Son acceptation fut inscrite sur le registre du greffe.

A ce moment un commissaire de police entra et somma la Haute Cour de se dissoudre. « Nous ne céderons qu'à la force, dit le président. — La force, je l'ai, » répondit le commissaire. Et il sortit pour revenir un instant après avec un sous-officier et quelques soldats.

Sur le registre de la Cour le greffier avait écrit une phrase laconique indiquant que les juges avaient dû se retirer devant la force. Le commissaire prit la page et la déchira. Le soir, les membres de la Haute Cour se réunirent et purent rétablir le document que l'officier de police avait détruit.

M. Renouard, pour garder toute sa liberté d'action, s'était retiré chez mon père. Dans la soirée du 3 décembre, il reçut la visite de Martin (de Strasbourg) et de M. I. Ch..., qui vinrent lui faire une proposition inattendue. « Le général de C..., disaient-ils, est disposé à marcher avec ses soldats contre l'Élysée, si vous lui donnez l'ordre d'arrêter le prince-président. » Malgré la conviction profonde des deux personnes honorables qui lui parlaient, M. Renouard pensa qu'ils se trompaient sur les intentions du général de C... Il leur dit que le général de C... était connu comme dévoué à Louis-Napoléon. « Au demeurant, dit-il, que le général de C... m'écrive un mot ou vienne me voir ; je ne demande pas mieux que de m'entendre avec lui sur ce sujet, et je suis prêt à lui remettre un mandat d'arrêt contre le prince-président. » MM. Martin et I. Ch... promirent de revenir dans une heure avec le général ; mais ils ne revinrent pas.

De tous les épisodes du coup d'État de décembre 1851, celui de la Haute Cour de justice est peut-être un des plus caractéristiques ; il montre plus que tout autre que la justice et la loi étaient vaincues. Pour les hommes de décembre, la force primait le droit ; et quand, vingt ans plus tard, M. Renouard démentait cette parole impie en soutenant que le droit est au-dessus de la force, il se rappelait sans doute que dans les néfastes jours de décembre il avait été le représentant du droit contre la force triomphante.

M. Renouard garda toute sa vie les mêmes sentiments vis-à-vis de l'Empire, et il n'accepta jamais rien de ce gouvernement, qu'il méprisait. Je sais qu'on lui a reproché d'avoir, comme conseiller à la Cour de cassation, prêté en mai 1852 serment de fidélité à la Constitution. En réalité, le refus du serment n'eût abouti qu'à un seul résultat, assurément peu en-

viable : un magistrat, loyal serviteur de la justice, eût
été remplacé par une créature de l'Empire. Ce serment qu'ont prêté les magistrats, les députés de l'op-
position le prêtèrent aussi, et personne ne leur en a
fait un crime.

Pendant presque tout le temps que dura l'Empire,
c'est-à-dire jusqu'en 1869, M. Renouard resta conseiller à la Cour de cassation. La netteté de son esprit, sa
connaissance approfondie de la jurisprudence, son zèle
éclairé, son labeur incessant, lui donnaient une autorité
considérable dans les délibérations de la savante compagnie. Quoique ses fonctions de conseiller lui prissent
beaucoup de temps, il se livra, durant cette longue
période, à des travaux de jurisprudence et d'économie
politique.

En 1861, malgré l'hostilité du gouvernement, il fut
nommé membre de l'Académie des sciences morales et
politiques à l'unanimité moins une voix.

Je n'entreprendrai pas l'étude des nombreux ouvrages de jurisprudence qu'a écrits mon grand-père : c'est
à des hommes experts dans la science du droit qu'il
est permis de parler d'un *Traité sur les brevets d'invention,* d'un *Traité sur les faillites et les banque-
·routes,* d'un autre *Traité sur la propriété littéraire
et des droits d'auteurs.*

Son œuvre de prédilection était son *Traité du droit
industriel.* A vrai dire, il ne considérait ce livre que
comme le commencement d'un vaste ouvrage sur le
droit industriel et le droit commercial. Le second vo-
lume devait traiter du droit commercial, et il se pro-

posait d'étudier en détail, dans les livres suivants, les applications pratiques des théories exposées dans les deux volumes d'introduction.

Le temps et les forces lui ont manqué pour une œuvre aussi vaste. Quoi qu'il en soit, ce *Traité du droit industriel* est remarquable à plus d'un titre. L'idée qui a inspiré M. Renouard, la pensée maîtresse de son œuvre, c'est que la philosophie et la jurisprudence, autrement dit le droit naturel et le droit écrit, doivent être unis intimement : aussi ce livre est-il moins un ouvrage de droit que d'économie et de philosophie politiques. Est-il besoin d'ajouter que pour M. Renouard la liberté est la sauvegarde de la richesse des nations? « Le droit industriel, dit-il quelque part, est destiné à la liberté; il a dû passer par trois phases : l'esclavage, le privilége, la tutelle. La liberté n'est ni un privilége, ni une théorie, ni un texte de déclamation. » Et il ajoute, non sans une certaine mélancolie : « Beaucoup d'esprits l'admettent et l'approuvent, mais elle anime trop peu de cœurs. Pour vivre d'elle, il faut avoir foi en elle. »

M. Renouard fut l'un des fondateurs et plus tard un des présidents de la Société d'économie politique.

De même qu'il avait cherché l'alliance du droit naturel et du droit écrit, de même il a tâché, par ses discours et ses écrits, de montrer que les saines doctrines économiques s'acordent avec le droit. « Ce qu'il représentait par-dessus tout, a dit un des hommes les plus compétents dans la science économique, M. F. Passy, ce qui faisait de lui un chef particulièrement cher et honoré, c'est l'accord de ces deux sciences entre lesquelles trop souvent on cherche à élever des barrières ou à susciter des antagonismes : la science du juste et la science de l'utile. Pour M. Renouard comme pour tous ceux qui savent s'élever au-dessus des premières apparences, l'utile n'était que l'aspect pratique du juste, de même que le juste est l'aspect moral de l'utile. »

En 1869, la loi sur la limite d'âge enleva M. Renouard à la Cour de cassation; mais il ne devait pas rester longtemps en dehors des affaires publiques. En mai 1871, il fut nommé par M. Thiers et par M. Dufaure procureur général à la Cour de cassation, et il occupa cette haute fonction pendant six ans. On n'a pas oublié les discours éloquents qu'il prononça dans les séances de rentrée. Ces discours sont le résumé, la synthèse, pour ainsi dire, de toutes ses opinions de moraliste et d'homme politique. Ce n'était certes pas la première fois que M. Renouard émettait ces idées élevées, fécondes : on les retrouve dès ses premiers ouvrages; mais jamais il n'avait parlé ou écrit avec autant d'autorité, jamais il n'avait rencontré tant de sympathie, tant de respect dans le public. L'éloge en fut fait partout, et les hommages qu'il reçut de toutes parts furent pour lui pleins de douceur. En vérité, n'était-ce pas bien terminer une glorieuse carrière ? Avoir gardé toutes les idées généreuses d'autrefois, pour les développer, les élargir encore, et pouvoir, du haut de la première magistrature du pays, les proclamer avec une autorité incontestée. Heureux les hommes qui se retrouvent ainsi, au terme de leur carrière, avec l'esprit aussi jeune qu'au temps lointain où ils entraient dans la vie, croyant au progrès, et souriant à l'espérance !

Pendant les six années que M. Renouard fut procureur général à la Cour de cassation, il n'y eut guère qu'une seule cause politique importante. Cette cause politique était déjà ancienne et presque rétrospective : il s'agissait des commissions mixtes. Il ne voulut pas confier à un de ses avocats généraux le soin de prendre la parole dans une affaire si délicate et si difficile : comme nous l'avons déjà dit, il ne reculait devant aucune responsabilité. Modeste et timide en toute autre circonstance, il devenait hardi et résolu toutes les fois qu'il y avait à se compromettre ou à s'engager ; et, si nous sommes forcés de nous répéter, c'est que M. Renouard a souvent dans sa vie montré cette même audace généreuse : il n'hésita pas à flétrir les commissions mixtes.

Au mois de mai 1876, il avait été nommé sénateur inamovible. La gauche et une partie du groupe dit constitutionnel avaient voté pour lui. Certaines personnes s'étonnèrent de voir M. Renouard se séparer si nettement de quelques-uns de ses anciens amis. Le fait est cependant facile à comprendre : depuis la chute de Louis-Philippe, M. Renouard était resté très-dévoué aux princes de la famille d'Orléans ; il était membre de leur conseil de famille, et dans plusieurs occasions il leur avait donné des preuves de respectueuse sympathie. Mais les événements politiques qui accompagnèrent l'établissement de la république en France divisèrent le parti orléaniste sans altérer les relations personnelles, toujours bienveillantes, entre les princes d'Orléans et leurs amis. Parmi les hommes appartenant à ce parti, les uns, se rattachant à la monarchie, acceptèrent la *fusion* avec ses conséquences, et déclarèrent la guerre au gouvernement républicain et à M. Thiers; les autres, comme M. Thiers, comme M. de Rémusat, comme M. Dufaure, comme M. de Montalivet, comme mon grand-père, préférèrent leurs opinions à leurs sentiments, et, par amour pour la France, imposèrent silence à leurs sympathies personnelles. M. Renouard fut de ceux qui, loyalement, sincèrement, sans arrière-pensée, se joignirent à M. Thiers pour l'aider dans la tâche difficile qu'il avait entreprise et contribuer au relèvement de la France épuisée.

Voilà pourquoi, le lendemain du 16 mai 1877, il envoya sa démission de procureur général à M. de Broglie. Sans amertume, mais avec une certaine tristesse, il rappelait que près d'un demi-siècle auparavant un autre duc de Broglie l'avait fait entrer dans la magistrature.

Plus tard, en voyant nos lois menacées par le gouvernement du 16 mai, M. Renouard n'hésita pas à accepter la présidence d'un comité de jurisconsultes éminents, dont la mission fut d'éclairer l'opinion et de montrer au pays où était le droit, où était la loi.

Il était arrivé à un âge où les longues espérances sont interdites; mais il avait encore toute la vigueur de son intelligence, et sa robuste santé ne faisait pas prévoir que sa fin fût si proche . . . .

Certes, si quelque chose peut nous consoler, c’est le glorieux souvenir de cette vie utile, féconde et souriante. Peu d’hommes ont eu une existence aussi heureuse, moins par suite des circonstances mêmes et des événements que grâce à une sorte de sérénité intérieure qui lui rendait les orages et les difficultés de la vie faciles à traverser.

> Rien ne trouble sa fin : c’est le soir d’un beau jour.

C’est qu’en effet M. Renouard n’était pas seulement un écrivain moraliste. De même qu’il a conformé sa vie politique à ses principes, de même, en morale, il joignait l’exemple au précepte, et l’optimisme qu’il recommandait aux autres il l’adoptait pour lui-même.

« Dans chaque événement, disait-il, il y a du bien et du mal à peu près en égale part. Ne vaut-il pas mieux chercher le bien qui s’y trouve et oublier le mal inévitable qu’il entraîne ? »

Dans les longues conversations que j’avais si souvent avec lui, il me répétait sans cesse qu’il faut juger les hommes avec bienveillance. « Ils ne sont ni lâches, ni fourbes, ni pervers, disait-il ; au contraire, ils ont toujours quelque bonne qualité, et c’est faire une méchante action que de chercher à découvrir et à railler les défauts du prochain. »

Aussi détestait-il les médisances, les persiflages désobligeants : jamais il ne disait du mal d’autrui ; les querelles, les disputes, lui étaient chose insupportable.

Il avait cependant pour le vice ou l’erreur les haines

vigoureuses que recommande Alceste; mais rarement cette haine allait jusqu'aux personnes, et dans ses jugements, très-nets, très-catégoriques, il aimait mieux blâmer les actes que les hommes.

Il détestait souverainement les grandes iniquités banales qui triomphent et s'étalent impunément. « La guerre, disait-il souvent, est le pire fléau de l'humanité. On trouve, avec raison, que la peine de mort est une barbarie indigne de la civilisation; mais est-ce que l'exécution de vingt ou trente gredins peut se comparer aux massacres terribles de la guerre? Souvent une seule bataille détruit quarante mille braves gens, tous dans la force de l'âge et de l'intelligence, espoir de leur famille et de leur pays : n'est-ce pas plus cruel que le châtiment de quelques misérables? La véritable peine de mort, c'est la guerre. Voilà ce que les hommes de bien doivent combattre avec le plus d'énergie.

« On objectera que cette conception est une utopie; mais est-ce que tous les progrès d'aujourd'hui ne sont pas des utopies d'autrefois? L'utopie est nécessaire : c'est un idéal qu'une nation et l'humanité tout entière doivent chercher à transformer en un fait. Il ne faut pas se contenter des progrès acquis, mais envisager les progrès à venir. On descend si on ne monte. Ayons donc le courage de proclamer ce que nous croyons juste et bon. Peut-être un jour la voix des utopistes sera écoutée, et eux ou leurs enfants seront consolés alors d'avoir si longtemps parlé dans le désert. »

M. Renouard était profondément spiritualiste : on peut même ajouter que son spiritualisme était chrétien;

mais, en religion comme en philosophie, il cherchait avant tout l'idée morale. « Une religion, disait-il, c'est une morale. La religion chrétienne est meilleure que les autres religions, parce que la morale chrétienne est supérieure aux autres morales. Nous devons donc respecter la religion chrétienne, car elle représente, avec des symboles extérieurs accessoires, la morale la plus digne de l'humanité. »

En politique, M. Renouard n'était réellement ni républicain ni monarchiste, mais avant tout et toujours libéral. « Une nation, disait-il, doit rester maîtresse de ses destinées et se diriger elle-même. Que l'organisation constitutionnelle soit adaptée à une monarchie ou à une république, la question est secondaire. Ce qui importe, c'est que la nation ne s'abandonne jamais et qu'elle ne délègue ses droits à aucune dictature, qu'il s'agisse d'un empereur, d'un roi ou d'une Convention : car la dictature, c'est l'anéantissement moral d'une nation, et plus tard, à un moment plus ou moins rapproché, la ruine. Quant aux excès de la liberté, ils sont peu à redouter : la liberté est comme la lance d'Achille, qui guérit les plaies qu'elle a faites. Toutes ces idées ne sont que des lieux communs ; mais une vérité est toujours un lieu commun. Ce ne sont pas les paradoxes ou les fantaisies d'un de Maistre ou d'un Proudhon qu'il faut répandre et vulgariser : il faut s'attacher aux principes que tout le monde a reconnus vrais, et nous devons les adopter d'autant plus volontiers qu'ils ont mieux conquis l'assentiment de tous. »

Mais, quelle que fût l'opinion de M. Renouard, il

était avant tout modéré dans son opinion même. « Un principe, disait-il encore, ne doit jamais être poussé jusqu'à ses dernières conséquences logiques, car on arriverait à des absurdités. Il ne faut pas oublier que le bon sens et cette notion instinctive que nous avons du juste et de l'injuste valent mieux que les raisonnements les plus compliqués.» Volontiers il citait ce vers de Molière, qui répondait bien à sa pensée :

> Et le raisonnement en bannit la raison.

Il faut me pardonner ces détails : ces causeries familières entre mon grand-père et moi sont un des souvenirs les plus doux de mon enfance et de ma jeunesse. Mon grand-père a été pour moi un maître, un ami. Lorsque j'étais tout enfant, il me faisait réciter des vers de Virgile, m'en expliquait le sens, et rarement il finissait la leçon sans me donner un conseil, une petite exhortation morale, qui passait inaperçue alors, mais qui laissait cependant dans ma jeune mémoire sa trace ineffaçable.

Plus tard, il aimait encore à m'entretenir de philosophie, de morale, de politique, d'histoire ; il écoutait mes objections, mes doutes, redressait mes erreurs, corrigeait les paradoxes fougueux de la jeunesse, me montrant que *le bon sens vaut mieux que la logique,* et que *l'homme juste est celui qui est bon.*

Si je pouvais résumer d'un mot son caractère, je dirais qu'il était *philanthrope.* Le mot est peu à la mode aujourd'hui et se prend en mauvaise part ; mais, vraiment, que nous importe ? Croire que l'homme peut devenir bon, proclamer que le progrès et le perfectionnement moral ne sont pas de vaines chimères, aimer ses semblables et vouloir les affranchir de toute servitude, de toute tutelle, pour les laisser développer leur puissance en pleine liberté, tout cela serait donc devenu ridicule ?

Dans sa longue carrière, il n'a jamais rien écrit qu'il ait eu à regretter, rien fait dont il n'ait pu s'enorgueillir, rien pensé qu'il n'ait osé avouer hautement. Tout jeune, il a aimé la vérité, la justice, la liberté ; tout jeune, il s'est mis à combattre les erreurs et les iniquités humaines, et cet enthousiasme juvénile ne s'est jamais ralenti. A quatre-vingt-quatre ans, il aimait encore, et passionnément, la vérité, la liberté, la justice. Il est bon que les jeunes gens sachent cela ; il est bon qu'ils connaissent cette vie de travail et de désintéressement ; mais ce ne serait pas faire assez que de respecter ce noble souvenir, il faut s'efforcer d'en être digne. Ce n'est pas seulement une mémoire à honorer, c'est encore un exemple à suivre.

DISCOURS

PRONONCÉS

A LA COUR DE CASSATION

I

DISCOURS D'INSTALLATION

BIEN des émotions me troublent en ce moment solennel, qui me ramène parmi vous.

La place que je viens y prendre était glorieusement remplie par un magistrat que nous aimions tous et que vous sembliez devoir conserver longtemps après que je ne serais plus. Si mes regards se portent sur vos siéges, j'ai la douleur de ne pas les voir tous occupés. L'aspect même de cette salle raconte un des crimes de l'incendie : nous ne sommes pas dans notre historique grand'chambre illustrée par le Parlement de Paris, et où le Tribunal et la Cour de cassation avaient, dès leur origine, toujours tenu leurs assemblées.

Après une longue suspension du cours ordinaire de la justice et les exils de votre chambre criminelle, nous nous voyons enfin réunis, et vous reprenez vos travaux accoutumés, que les malheurs publics ont interrompus. Parmi les nombreuses catastrophes qui marqueront d'un sceau ineffaçable cette période sinistre, il en est une dont les annales de la Cour de cassation sont destinées à ne jamais perdre le sanglant souvenir. La postérité frémira de la dérision impie qui, souillant le nom d'otage, a prémédité et exécuté d'odieux trépas. Notre compagnie a été représentée dans l'abominable holocauste d'hommes inoffensifs et bons. Un de ses chefs a été emporté dans cette tempête soulevée par l'esprit du mal : le savant, le laborieux, l'infatigable président Bonjean, soutenu par la sérénité courageuse d'une âme restée maîtresse d'elle-même, a partagé les honneurs du martyre avec tant de vénérables prêtres et prélats froidement massacrés.

Nous aurons tous à revenir souvent sur cette perte, à dire quelles qualités excellentes avaient attiré à Bonjean l'affection de ses collègues et la tendresse de sa famille, à parler de cette activité communicative qui ne s'est jamais éteinte, à le citer comme exemple de l'élévation sociale à laquelle un homme peut parvenir par la seule force du travail. Au souvenir de sa fin celui de Paul Fabre restera mêlé : par la constance de sa fidèle assistance après l'arrestation de son ancien confrère à votre barreau, Fabre avait attiré sur lui la menace du même sort, et il n'a paru y échapper qu'au prix de sa vie. Les fatigues physiques d'un périlleux voyage à Versailles sont venues l'atteindre alors qu'il était brisé d'émotions, dévoré de patriotiques angoisses, accablé de douleur par la perte d'un frère. Il a été mortellement frappé avant même le supplice de son ami.

Au milieu de ces tristes pensées, et lorsque l'étude des redoutables problèmes où s'agite l'avenir de notre patrie vous absorbe tout entiers, j'éprouve, je l'avouerai, une sorte de honte à vous entretenir des sentiments que fait naître en moi ma rentrée parmi vous. L'expression de ma gratitude pour l'insigne honneur qui m'est conféré ne vous distraira que pendant de courts instants des sérieuses préoccupations qui nous assiégent. Ce que je ne puis pas taire, c'est ma vive reconnaissance pour l'accueil qui m'est fait par votre indulgente amitié. Les témoignages de bienveillance qu'il m'a été donné de recueillir ici et ailleurs m'ont plus ému cent fois que tous les honneurs ne le sauraient faire. Cet appui me soutiendra pendant les quelques jours que je puis vous consacrer encore.

Mon titre est ma longue collaboration avec vous ; j'ai, durant trente-deux ans, partagé vos travaux comme conseiller. J'étais entré dans cette vie de retraite qu'il est, je le crains, imprudent de quitter ; je commençais à y jouir de ce repos qui peut, quand on le veut, ne pas cesser d'être occupé, et où se mêlent aux rappels du passé les méditations du seul sérieux avenir : voici que le fardeau d'une faveur inattendue vient changer ma destinée et m'imposer de graves et difficiles devoirs, pour l'accomplissement desquels le courage ne me manquera pas, mais où il y a plus à espérer de mon zèle que de mes forces.

Je sens, parce que je vous sais hommes justes, que vous n'exigerez pas trop d'un collègue à qui il avait été donné de devenir votre doyen.

Avoir été doyen, c'est avoir vu notre Cour se renouveler, hélas ! plusieurs fois ; c'est avoir été mis en étroit commerce d'idées avec un grand nombre de personnes considérables et à mérites inégaux, unies entre elles par la communauté de leurs services envers la justice, et vivant en parfaite concorde, malgré leurs diversités infinies de talents, de caractères, d'opinions, de renommée. Parmi les excellentes conséquences de l'inamovibilité, loi constitutive de la magistrature, à laquelle il n'a été, pour la Cour de cassation, porté une atteinte définitive qu'en 1815, une des plus heureuses et des plus notables a été de montrer, par la leçon d'une longue et constante expérience, comment des hommes venus de tous les points de l'horizon peuvent sincèrement et utilement s'entendre, quoique profondément séparés par leurs origines et leur passé, alors surtout qu'ils sont arrivés à une époque de leur vie où ils ne peuvent guère connaître d'autre rivalité qu'un désir égal d'obéir à la loi et de l'interpréter sainement.

Cette vérité vous frapperait par son évidence, si c'était ici le lieu et le moment de rendre un juste hommage à tant de magistrats honorables que leurs vertus et leur science ont recommandés à l'estime publique, et si j'osais entreprendre de faire passer devant vous les noms des grandes illustrations judiciaires dont il m'a été donné d'approcher et que j'ai vues disparaître.

Beaucoup sont tombés pleins de jours, beaucoup ont été frappés à un âge où l'espoir d'une longue carrière semblait s'ouvrir devant eux.

Parmi ceux de ces deuils prématurés dont la mémoire durera, vos annales compteront comme un des plus douloureux la perte de l'éminent magistrat dont je me vois appelé à occuper le siége.

Paul Fabre, au moment où il vous a été enlevé, était dans la force de l'âge, et son beau talent avait acquis sa plénitude de développement. Nul de ceux qui ont assisté à ses brillants débuts à votre barreau n'a hésité à reconnaître que de grandes destinées lui étaient réservées. La maturité précoce de sa parole n'ôtait rien à sa vivacité d'action, et, à travers la solidité de sa raison, l'heureux abandon de la jeunesse conservait en lui son charme. Il ne manqua à aucune de ses promesses, et dans le loyal exercice de sa profession l'accroissement de sa clientèle répondit à la sûreté de ses progrès et à la haute estime qui vint l'entourer. A une diction ferme et claire, à une pleine possession de la langue du droit, à une netteté remarquable dans l'exposition des faits, ne cessa pas de s'unir l'autorité qui s'attache à une parole sincère où s'impriment la droiture de cœur et l'honnêteté des sentiments.

Une belle et vraie définition a été donnée de l'éloquence lorsqu'on a appelé l'orateur un homme probe sachant bien dire. Fabre était probe et disait bien. La nature de son talent, dont toutes les qualités étaient sainement équilibrées, le rendait particulièrement apte aux fonctions du ministère public, et nul de vous ne perdra la mémoire de la distinction avec laquelle il s'en est acquitté devant vous.

L'homme privé était à la hauteur de l'homme public : la pureté de sa vie, ses vertus de famille, ses sentiments de citoyen, l'ont fait chérir de tous ceux qui l'ont connu.

J'ai été assez heureux pour obtenir l'amitié de M. Fabre, et il avait toute la mienne. Paraître ici à sa place est un des étonnements de ma vie, et aussi une de ses tristesses.

Mon existence est depuis trop longtemps mêlée à la vôtre pour que vous ne sachiez pas aussi bien que moi combien de qualités me manquent pour le remplacer, et je n'aurai point l'inutile et orgueilleuse modestie d'exprimer ici les aveux où j'exposerais mes faiblesses; j'aime mieux vous dire en toute franchise ce que vous pouvez attendre de moi.

Je vous apporte beaucoup de zèle et un peu d'expérience, le sentiment profond de la dignité qui doit s'étendre à tous les rangs de la magistrature, quelque connaissance de vos traditions, dont tant de traces viennent de périr dévorées par l'incendie ; un ardent amour de la vérité, de la liberté, de la justice, en un seul mot, du droit, qui est la justice, la liberté, la vérité.

Nous venons de traverser des jours mauvais, où de tristes pages se sont écrites dans notre histoire humiliée et y ont marqué une de ces dates néfastes qui devraient être les enseignements du genre humain, mais qui s'effacent des esprits trop imprudemment et trop vite.

Essayons, pour cette fois, de mettre à profit les sévères leçons qui nous sont infligées. Nous le ferons si nous nous armons de courage, pour ne pas promptement oublier que le repentir de bien des fautes, commises par tout le monde, doit rester mêlé au désolant récit de nos malheurs. Surprise dans un état d'atonie intellectuelle et d'énervement moral auquel aucune partie de la société, non pas même, osons le dire, pas même la magistrature, n'avait su virilement échapper, notre patrie a été vaincue et mutilée par la guerre étrangère. Dieu n'a pas permis qu'elle fût seulement rançonnée.

Puis, quand elle se croyait descendue au plus bas degré de l'infortune, elle s'est vue condamnée à d'autres inexprimables douleurs. Si courageux, si glorieux pendant le siége, notre cher Paris s'est courbé sous la terreur ; il est devenu la proie d'une délirante anarchie, affolée par l'envie, la haine et la cupidité, aveuglée par une présomptueuse ignorance, misérable et imparfaite excuse de ce qui, dans une foule sans croyances et sans idées, n'a pas su opposer aux débordements d'une minorité perverse la résistance du bon sens. Les ruines nous entourent, et la guerre étrangère, qui nous en a fait tant d'autres, n'est pas directement coupable de celles-là. Une tourbe sans patrie, que toutes les nations désavouent, et à laquelle trop de Français ont été mêlés, a brûlé, autant qu'elle l'a pu, nos maisons, nos monuments, nos bibliothèques, nos musées, nos archives, attestant ainsi au monde, qu'elle menace tout entier, son implacable antipathie contre la civilisation, les lumières, la liberté.

Relevons-nous. Ce serait une honte de laisser défaillir et s'éteindre le vieil honneur français, et de ne garder son souvenir que comme un remords du présent.

Notre ordre matériel, profondément bouleversé par nos désastres, peut, malgré ses blessures, offrir aux existences privées et à la fortune publique sa sécurité et son abri, s'il sait s'appuyer sur l'ordre moral, dont la condition première est une pratique constante, progressive et surtout sincère de la liberté. On a tort de croire qu'on aime la liberté parce qu'on se plaît à invoquer son nom, sans souci de ses devoirs. Elle n'est point un essor laissé aux caprices individuels, aux prétentions égoïstes et à leurs appétits, au conflit des ambitions et des intérêts : elle est la volontaire soumission de tous, grands et petits, riches et pauvres, travailleurs et infirmes, aux règles souveraines dictées par la conscience maîtresse de soi, et formulées par la loi régulièrement promulguée. Le droit, but de la liberté, est supérieur aux variabilités des événements, aux fortunes bonnes et mauvaises, aux accidents des formes gouvernementales, aux luttes des intérêts publics et privés.

Quand le monde s'agite et se trouble, quand la croyance en Dieu et le respect de son culte, quand la famille, la propriété, le travail, sont indignement outragés, quand la morale insultée se voit obligée de remettre en preuve des vérités que de longs et patients progrès semblaient avoir définitivement acquises au genre humain, et qu'on pouvait croire identifiées désormais avec le sens commun, c'est au droit à joindre sa voix puissante à celle de la religion et à proclamer les impérissables axiomes sans lesquels l'humanité ne serait rien.

La magistrature a une place à prendre dans la réhabilitation de notre société, et le rang qui vous est départi parmi les organes du droit élève votre mission à une hauteur dont vous vous montrerez dignes.

Les malheurs publics, en élargissant nos devoirs, agrandiront notre courage ; nous nous dirons, afin que personne n'ait à nous le rappeler, que le sentiment des calamités qui nous enveloppent ne doit pas nous ôter l'empire sur nous-mêmes, et que la haine du mal cesse d'être une partie de l'amour du bien lorsqu'elle se laisse dégénérer en colère. Notre impartialité n'oubliera jamais que la modération est une condition de la sagesse, mais qu'elle se dégrade et s'avilit lorsqu'elle tombe dans le vice paresseux de l'indifférence, cher, comme son allié le scepticisme, aux âmes faibles et molles. La fermeté des convictions est un gage de leur sincérité. Vous voulez, j'ose l'affirmer sans crainte d'être par vous démenti, une justice complète, sévère, sans réaction, sans passion.

En reprenant vos travaux accoutumés, vous apporterez votre concours au triomphe de la cause sacrée pour laquelle se dévouent les plus illustres et les plus éprouvés d'entre nos citoyens. Travaillons avec eux à ce que l'obéissance à la loi reprenne son salutaire ascendant ; ressuscitons le respect, employons nos forces à combattre l'ignorance, notre plus dangereux ennemi, en donnant à la loi les claires interprétations qui la font mieux comprendre à tous.

Que le droit devienne visiblement la règle acceptée; le salut de la patrie affligée est à ce prix. Soyons fiers de notre rôle, qui est de rester avec constance et confiance les fidèles et inébranlables serviteurs du droit. Si nous voulons que nos efforts se soutiennent, comptons sur leur succès, et gardons-nous d'oublier que l'espérance est une vertu civique en même temps qu'une vertu chrétienne.

1ᵉʳ juillet 1871.

II

LE DROIT PRIME LA FORCE

ES blessures qui ont cruellement déchiré notre patrie saigneront longtemps, et notre honneur serait perdu si la patience nous manquait pour travailler à les guérir. A nos maux, si grands qu'ils soient, il existe un remède qui n'est un secret pour personne : chacun le signale et le vante; mais la voix du bon sens proclame bien haut que le connaître n'est rien si on ne l'applique pas. On entend sortir de toutes les bouches honnêtes cette parole fortifiante : « Il faut régénérer notre société par la morale et la justice. » Oui, il le faut; mais ce qu'il ne faut pas, c'est qu'un langage si excellent reste un axiome de rhéteur, un son qui frappe l'air et endorme les illusions sans faire mouvoir les volontés.

L'espérance de temps meilleurs est permise, mais sous la condition essentielle que la majorité des citoyens (nul n'oserait réclamer leur unanimité) remplira strictement et courageusement, chacun dans sa sphère, ses devoirs de tout ordre, privés, publics, professionnels.

Une vérité bien triviale, et que cependant on pourrait presque dire inconnue, tant notre pratique s'y conforme peu, enseigne que les affaires publiques sont l'affaire de tous. La mesure de leur succès est le degré d'exactitude avec lequel s'accomplissent les obligations imposées à chacun par la raison, la morale et la loi, et par les lumières de la religion. Il n'est pas un délit personnel, pas une défaillance privée, qui ne contienne une part de préjudice causé à la société entière.

Nos molles habitudes versent au compte du gouvernement les tâches dans lesquelles des intérêts généraux se trouvent engagés, et, parce que le pouvoir y tient une place considérable, on trouve commode de les laisser peser sur lui seul. L'égoïsme de notre paresse pousse plus loin sa logique : il se complaît à tenir le gouvernement comme ayant charge non-seulement de gérer la chose publique, mais aussi de veiller à la prospérité de chaque citoyen, de servir d'agent à nos intérêts, nos fortunes, notre sécurité, nos jouissances. Le mal qui nous advient, on le lui impute, tout en se montrant peu reconnaissant du bien; on exige sa direction, et on y est indocile; à tout propos on glose, on fronde, on attaque, on renverse, aussi impropre à l'obéissance qu'à l'indépendance. Il n'est pas besoin de creuser profondément notre histoire pour expliquer cette débilité traditionnelle de nos mœurs : notre longue disette d'institutions également accessibles à tous et largement ouvertes à la protection des plus humbles droits et à l'expansion des capacités d'ordres divers suffit pour en rendre raison. Ce qui ne se comprendrait pas et demeurerait sans excuse, ce serait d'allier désormais à la prétention d'être devenu un peuple libre la nonchalance à user de la liberté. L'importance du rôle principal dévolu au gouvernement est immense, et les regards se tournent légitimement vers lui lorsqu'il s'agit d'implorer son aide dans les moments difficiles et de préparer l'avenir ; mais il est plus que temps d'arriver à comprendre que sa science, sa sagesse, sa persévérance, son énergie, ses ressources, ne pourraient rien, de quelque nom qu'on le décore, si l'on s'en remettait à lui du soin de pourvoir à tout. Les petits, comme les grands, sont appelés à l'œuvre de notre régénération morale et à l'honneur d'y coopérer ; l'essentiel est que chacun commence par s'améliorer lui-même. Il faut aussi apprendre à s'aider les uns les autres, et on s'épuiserait en efforts inutiles si l'on se condamnait à l'isolement : la puissance d'action se centuple par les agglomérations, qui donnent vie à tant d'êtres collectifs dont la patrie et l'humanité sont le résumé et le sommet ; par la famille, la commune, la cité ; par les associations, les corporations, les compagnies, les professions, et aussi par les conseils, assemblées, corps constitués de toute sorte, volontairement formés ou décrétés et organisés par les lois.

La magistrature tient une place considérable dans le fonctionnement des devoirs sociaux. Vos consciences comprennent la sainteté et la responsabilité d'une situation aussi haute, et votre patriotisme n'a pas besoin qu'on lui rappelle l'étendue des obligations que la confiance du pays vous impose lorsqu'il vous charge de dire la justice. Dans les quelques paroles que vos traditions et les règlements prescrivent au ministère public de vous adresser au moment de la reprise solennelle de vos travaux, je ne vous distrairai pas de l'objet assidu de vos méditations ; je vous présenterai des considérations générales sur le droit.

Entendons-nous d'abord sur les mots. L'expression *droit* désigne souvent l'objet de la science du jurisconsulte s'exerçant sur les dispositions édictées par le législateur et sur la discussion et l'interprétation des textes. Le droit que nos réflexions vont oser aborder est celui qui, entendu dans son acceptation la plus haute, dicte les textes et les lois, est le principe, le but, la règle de la science, et a été admirablement décrit dans le célèbre passage de la *République* de Cicéron (liv. III, chap. XVII) :

Est quidem vera lex, recta ratio, naturæ congruens, diffusa in omnes, sempiterna; quæ vocet ad officium jubendo, vetando a fraude deterreat..... Nec erit alia lex Romæ, alia Athenis; alia nunc, alia posthac; sed et omnes gentes, et omni tempore, una lex et sempiterna et immutabilis continebit.

« Il est une loi véritable, la droite raison, conforme à la nature, se répandant sur tous, éternelle, dont les ordres sont destinés à appeler au devoir, les prohibitions à détourner du mal. Soit qu'elle commande, soit qu'elle défende, ses paroles, impuissantes pour les méchants, ne sont jamais vaines auprès des bons. Il n'est permis ni de l'abroger tout entière ni d'y déroger en partie. Le sénat ni le peuple n'ont le pouvoir de nous délier envers elle de l'obéissance; elle n'a besoin de personne pour interprète ou organe. Cette loi ne sera pas autre dans Rome, autre dans Athènes; elle ne sera pas demain autre qu'aujourd'hui, mais une, éternelle, immuable; elle dominera tous les peuples et tous les temps, car le maître et le souverain seigneur de l'universalité des choses, Dieu, l'a conçue, discutée, promulguée. L'homme ne peut la méconnaître sans se fuir lui-même, sans renier sa nature, et, par cela seul, sans subir les plus dures expiations, eût-il évité d'ailleurs tout ce qu'on appelle châtiment et supplice. »

Deux puissances gouvernent le monde. Unies, elles assureraient le bonheur de l'humanité, dont les plus nobles représentants s'évertuent sans relâche à conseiller et à essayer leur alliance; mais les luttes qu'elles se livrent ne s'arrêtent pas et remplissent l'histoire. Nécessaires l'une à l'autre, elles sont instinctivement ennemies; de nombreux et indissolubles rapports les enlacent, même altérés ou faussés, même niés ou ignorés, tandis que d'inévitables oppositions naturelles perpétuent leur antagonisme.

Ces puissances sont le droit et la force. La force sans le droit serait la brutalité inintelligente et l'extermination universelle; le droit sans la force se verrait réduit à des protestations sans espérance et aux stériles gémissements d'une débile servitude. L'ordre, haut besoin social, ne règne que par leur accord.

La raison publique s'était accoutumée à croire que la primauté appartient au droit, que le rôle de la force est de lui prêter appui, de le sanctionner en lui obéissant; on aimait à se dire que dans la solution des problèmes sociaux les plus hardis cette subordination providentielle aura toujours le dernier mot, et que, si le monde assiste trop souvent aux victoires de la matière sur l'intelligence, ces châtiments de nos erreurs et de nos vices ne sont pas destinés à un triomphe définitif. Il semblait que c'était là une de ces banalités dont le développement devient inutile, parce qu'elles ne rencontrent pas de contradicteur. Heureuses les sociétés où les axiomes fondamentaux de la morale sont entrés dans la région sereine des lieux communs!

Or, voici qu'une parole a retenti avec éclat : *La force prime le droit.* J'ignore s'il est vrai que des désaveux l'aient suivie et si son authenticité reste douteuse; mais le bruit qu'elle a fait a été trop grand pour qu'elle ne soit pas relevée. Ce n'est d'ailleurs pas une hardiesse isolée, un paradoxe sans conséquence, une fanfare de vainqueur : c'est un système entier et l'expression d'une philosophie en possession de la renommée et qui a agité bien des consciences ; c'est l'exaltation de l'égoïsme, la déification du succès.

Nous sommes ici dans un des sanctuaires du droit ; le lieu convient pour protester contre une impiété qui le rabaisse.

Voici l'argument principal de cette thèse. Dans l'état, dit-on, de compétition perpétuelle qui, sous mille formes, divise et divisera toujours les hommes, ceux qui surpassent les autres en intelligence et en lumières deviennent finalement et inévitablement les forts. Signe et preuve de la supériorité qui leur appartient, la force est leur titre légitime à l'empire ; elle domine et prime le droit, puisque celui-ci, tant qu'il n'a pas acquis assez d'influence et d'ampleur pour s'incorporer en elle, demeure vis-à-vis d'elle imparfait et impuissant, inférieur et subordonné.

Pour comprendre ce raisonnement, il serait nécessaire de commencer par croire que soumettre à sa domination et exploiter pour son service le plus grand nombre possible de personnalités autres que la sienne est la vocation de chaque être humain, l'idéal auquel il doit tendre, et aussi que le but légitime assigné à chaque groupe national est de plier les autres peuples sous son influence et à ses commandements.

Telle n'est pas la loi naturelle : elle enseigne que les frères de la famille humaine ont été créés et mis sur la terre, non pour se détruire, se combattre, se torturer, s'exploiter, mais pour s'aimer, se secourir, s'aider mutuellement dans la prise de possession du monde matériel ; elle constate que la liberté, c'est-à-dire le choix volontaire entre le bien et le mal, entre l'utile et le nuisible, n'est pas une faveur spécialement octroyée à quelques privilégiés seuls investis de la plénitude d'action, mais est un don du Créateur essentiellement inhérent à toutes les âmes, et sans lequel elles ne seraient pas des âmes ; elle met par conséquent pour limite à la liberté de chacun le respect et la conservation de celle d'autrui autant et au même titre que la sienne propre ; elle rassemble les hommes en corps de nations, non pour que certains peuples domptent et écrasent d'autres peuples, mais afin que tous, dans le cercle des relations dont la cohésion peut les tenir unis, concourent au bien commun de l'humanité.

Deux méthodes existent pour juger ces problèmes : l'une n'aboutit qu'à des observations partielles, parce qu'elle se concentre dans quelques détails et borne son étude à certaines époques et certains lieux ; l'autre embrasse l'ensemble des faits et des lois dans leur plus vaste portée et s'attache à leurs grands résultats généraux. Quand on n'étend pas ses regards au delà d'un étroit horizon et que l'on s'enferme dans les quelques années de notre vie périssable et dans le théâtre restreint où elle s'écoule, on peut, s'attristant de nos défaillances et des misères qui nous assaillent, douter des progrès du droit et se prendre de désespoir au spectacle des succès obtenus à ses dépens. De là, dans tous les temps, les lamentations de la génération qui quitte la scène, les gémissements sur la décadence des mœurs, sur les vertus oubliées, sur les sentiments perdus. Ces plaintes ont leur excuse, surtout lorsqu'on est condamné à la cruelle expérience d'une de ces crises, trop fréquemment renouvelées, où, sous la pression de calamités désolantes, tant de passions mauvaises se déchaînent, tant de courages s'affaissent, tant d'espoirs s'évanouissent. Mais l'histoire se juge mal quand on isole ses pages, et c'est de loin et de haut qu'il faut contempler les vicissitudes de l'humanité. Si nous voulons marquer la place du droit dans le monde et prévoir son avenir, notre attention doit se porter non sur des faits accidentels, mais sur la sérieuse comparaison de son présent et de son passé. L'étude des influences auxquelles la marche de la civilisation a obéi nous révèle à qui, de lui ou de la force, demeurent en définitive, malgré de passagères défaites et des triomphes éphémères, la primauté et la victoire.

Un grand enseignement a été donné par les destinées de l'esclavage. Ce fait considérable, vieux comme le genre humain, a régné si longtemps et avec un tel empire qu'une place a semblé lui appartenir parmi les lois nécessaires à l'existence des sociétés. Le fort a trouvé commode, dès les premiers jours du monde, de se servir du faible sans plus de scrupule que du chien ou du cheval. L'antiquité a accepté comme un dogme indiscutable l'exploitation matérielle et l'annulation morale de la tourbe formant la couche inférieure des populations ; ses philosophes ont éprouvé quelques scrupules à revêtir du caractère de légitimité l'acte d'une prise brutale de possession, et il leur a fallu l'étayer par une théorie plus spécieuse. Le sophisme d'une différence de nature les a contentés : on n'est pas difficile sur les preuves lorsqu'il s'agit d'accorder crédit à un état de choses dont on se croit intéressé à ne pas se départir et avec lequel on est familiarisé par une longue tradition. Les développements que prit l'esclavage engagèrent la politique à l'ériger en institution et à tenter de lui donner des lois. On espérait le consolider, et on obtenait de prolonger sa durée en le régularisant ; mais on ébranlait ses fondements, et les adoucissements que l'on consentait à lui accorder le discréditaient tout en le rendant plus tolérable. Le christianisme est venu. Dans son respect et sa réserve envers les institutions civiles et politiques, il ne s'est point attaqué de front à l'esclavage ; mais, par la proclamation de la loi de liberté et d'égalité, il en a dévoilé la laideur et a semé dans les âmes pieuses l'ardent souhait d'en voir accélérer la chute. Les progrès de son affaiblissement promettaient à l'humanité son expiration prochaine, lorsqu'il a revécu par l'asservissement des noirs, et a puisé dans cette recrudescence une énergie nouvelle. Le problème s'est précisé; la couleur de la peau a donné vie aux arguments sur les différences de nature hasardées par Aristote : les noirs ne sont pas des hommes. Réclamés éloquemment et avec une admirable persévérance par des esprits éminents et de nobles cœurs, l'abolition de l'esclavage, la condamnation de la traite, l'affranchissement des noirs, ont longtemps et de nos jours encore été tenus pour chimère et utopie. Enfin la lumière s'est faite, le sentiment humain et religieux a vaincu, et l'esclavage tombe honni, brillant triomphe du droit primant la force.

Les utopies n'ont pas toujours tort. Le monde est rempli d'habiles gens qui les traitent de la hauteur de leur dédain, et qui croiraient leur renommée d'esprit compromise s'ils épargnaient les sarcasmes aux rêveurs. Un peu plus d'indulgence serait prudence et justice. Les grandes vérités qui ont illuminé le monde ont toutes commencé par lui apparaître sous la forme d'espérances lointaines et de théories hasardeuses. Il y aurait folie à se flatter d'atteindre l'idéal; mais il y a sagesse et dignité à entrer dans sa voie et à avancer vers lui de quelques pas.

Une magnifique utopie va se réalisant sous les auspices et la protection du droit, et marquera d'un caractère distinctif le siècle qui, si on le fait commencer avec le règne de Louis XVI, est à la veille de s'accomplir.

Cette conquête demeurera son meilleur titre de gloire, malgré le prix qu'elle aura coûté : c'est la reconnaissance officielle de l'égalité devant la loi et la répudiation des priviléges. Il n'est pas au pouvoir des révolutions les plus énergiques de faire disparaître en un jour les empreintes du passé : la tutelle gouvernementale, juste et nécessaire tant qu'elle s'exerce sur une population incapable de se conduire, a lutté et lutte encore pour hériter de l'état ancien, dont elle aime à conserver des vestiges ; mais les sociétés ne se satisfont plus de ce régime transitoire, et, comme elles se sentent ou se croient devenues majeures, elles veulent la liberté avec la plénitude de ses franchises.

Une des plus sérieuses injonctions du droit commande que la respiration d'aucune conscience ne soit étouffée par la pression de violences extérieures. Les pensées religieuses sont le plus salutaire et le plus doux aliment des âmes, mais à la condition de leur acceptation volontaire. Propager ce que l'on croit la vérité est une noble entreprise qui se pervertit et se dégrade si on y mêle la contrainte. Le prosélytisme a dégénéré en odieux fléau quand il s'est laissé enivrer par la passion et aveugler par l'intérêt, quand il a hypocritement couvert ou arrogamment affiché la soif ambitieuse de dominer, l'orgueil de n'être pas contredit, l'appétit des biens terrestres, des richesses, des honneurs, du crédit, de la puissance. Les exemples de ces égarements abondent, et l'histoire de tous les pays offre le déchirant tableau des invasions de la force dans la religion. Que de vexations, de tortures, d'exils, de sang, de guerres implacables, d'impies interventions du bras séculier ! Notre temps est affranchi de ces douleurs, et, après tant de luttes entre la religion et le fanatisme, entre les préjugés et la raison, il a été donné de voir inscrire dans nos Codes le respect pour la liberté des consciences et des cultes. Nos querelles dureront, mais leurs proportions sont singulièrement amoindries ; elles sont maintenant des controverses ou des prétextes d'agitation, et non des entreprises de violence. Les escarmouches qui se livrent ne représentent pas les combats d'autrefois ; elles troublent et altèrent les idées, mais n'allument pas les bûchers. Ici encore la force est primée.

Lorsqu'on cherche à constater l'état moral de notre société actuelle, on est frappé de l'importance qu'ont prise, parmi les questions à l'ordre du jour, celles qui concernent l'éducation.

Ces sujets de méditation ont partout et toujours occupé les esprits, car ils naissent des sentiments naturels et instinctifs de famille et de patrie, et ce n'est point une nouveauté de voir les hommes ne pas demeurer indifférents au sort de la génération qui s'élève auprès d'eux ; mais la direction de cet ordre d'idées se lie intimement à la constitution générale des sociétés où l'on vit : aussi les voyons-nous prendre, de nos jours, un caractère nouveau, celui de l'universalité.

Quand la division des classes sociales était profonde et se réalisait en faits sérieux, celles qui se trouvaient en possession de la suprématie se préoccupaient surtout du soin de se former des successeurs. Les masses ignorantes et pauvres semblaient trop peu valoir pour qu'on songeât à leur culture. A toute époque, cependant, de généreuses exceptions ont fait déborder sur quelques déshérités les secours de l'éducation, et le nombre de ces bienfaits s'est successivement accru, à mesure que la civilisation s'est éclairée de plus de lumières. L'antiquité a instruit des esclaves en vue d'exploiter leurs talents. Une conséquence inattendue, et bien autrement féconde, est née de l'injustice qui les condamnait au travail. On fortifiait ainsi, sans le vouloir ni le prévoir, leurs facultés intellectuelles et morales. L'esprit chrétien a lutté contre l'ignorance plus sciemment et avec un succès plus grand; son mérite et sa gloire ont été de se trouver conduit dans cette voie par la charité. Un stimulant énergique a concouru au service de son œuvre par le mode de composition du clergé, recruté parmi les fidèles, sans distinction de naissance ou de fortune.

La pensée d'instruire les masses s'est fait jour, mais lentement, et, quand on appelait des ignorants et des pauvres à l'éducation, on était mû surtout par le désir de les aider à se dégager de la foule et de faciliter leur entrée dans l'aristocratie intellectuelle. Le désir de domination a trop souvent induit les forts à regarder d'un œil inquiet ou méprisant la propagation de l'instruction; ils entrevoyaient dans son influence un agent d'égalité; ils pressentaient que sous une apparence inoffensive, et en l'absence même de plan préconçu, une menace naissait contre la tranquillité de leur empire. L'assentiment des opinions en crédit était acquis aux prohibitions légales par lesquelles on embarrassait l'instruction des esclaves, des pauvres, des faibles. Redouté par les clairvoyants comme un présage de révolte, rejeté par les indulgents et les simples au rang des creuses théories, l'avénement d'une instruction générale allait cependant triompher. De nos jours encore, ceux de nous qui se sont associés à cette propagande salutaire ont été accueillis par les moqueries et les reproches des soi-disant sages. S'il reste de ces retardataires, laissons-les dire : leurs paroles sont vaines, le droit a vaincu, le dogme de l'universalité d'éducation est reconnu et accepté. Sachons l'appliquer.

Je viens d'appeler vos regards sur quelques-uns des pas de géant faits vers la justice et la vérité, et j'ai à peine effleuré le vaste sujet du détrônement progressif de la force. Pour peu que votre pensée s'arrête sur les études qui vous sont familières, elle assistera au spectacle des transformations profondes opérées d'âge en âge dans les manifestations du droit.

Nous vivons, grâce à Dieu, dans un temps où bien des choses du passé ne se comprennent plus. L'imagination s'effraye en contemplant la gravité et l'étendue des misères et des souffrances qui accablaient les immenses populations exploitées à merci et écrasées par les exactions et les tyrannies : les guerres privées ne ravagent plus nos campagnes; d'aveugles combats en champ clos n'usurpent plus la représentation de la justice; les procédures secrètes et les peines arbitraires, les tortures, la question, les supplices, sont remplacés par des instructions régulières et des pénalités mesurées; les procès de sorcellerie, les chasses de l'inquisition, sont tombés dans les romans; les lois se discutent, les impôts se votent, la presse parle; chaque citoyen est maître de sa personne, de son travail, de sa propriété, de sa pensée. Quand on songe aux mille conditions de barbarie qui ont disparu, on se dit que nous serions des lâches si nous mettions une froideur coupable à nettoyer la société des traces trop nombreuses qui nous en restent. Permettez-moi la citation d'une phrase dont j'ai été frappé en lisant le savant ouvrage d'un jeune magistrat qui mérite d'être nommé devant vous : l'*Histoire des États généraux,* par M. Georges Picot, juge au tribunal de première instance de la Seine. On serait heureux d'y lire un présage des réformes de l'avenir : « La suppression des guerres privées était une réforme jugée aussi chimérique au XIVe siècle que la paix universelle au XIXe[1]. »

1. T. Ier, p. 135.

Le droit progresse, il ne s'arrêtera pas; chacun de ses succès est une primauté conquise sur la force, et nous prépare à en attendre d'autres.

On s'égarerait dans les illusions d'un trop confiant optimisme si, en comptant de loin, comme nous venons d'essayer de le faire, les pas de l'humanité vers une condition meilleure, et en s'absorbant dans la contemplation des généralités de l'histoire, on fermait les yeux sur les écueils dont la route reste semée.

L'accroissement du bien-être social sera toujours entravé par nos passions et leurs caprices, nos vices et leurs calculs coupables, nos intérêts, nos ambitions, nos vanités, nos défaillances, le joug de nos habitudes. Ces obstacles sont de tous les temps.

Il en est d'autres particulièrement inhérents à l'état actuel des sociétés. Notre admiration pour le progrès du droit nous aveuglerait si nous hésitions à confesser que ce progrès même en est une des causes. C'est là une observation d'expérience qu'il faut savoir regarder en face, dans l'intérêt d'un plus sage avenir.

L'expression humaine du vrai droit naturel aurait atteint son idéal si d'intelligentes lois positives assuraient à l'universalité des êtres humains une égale et complète possession de la liberté. Tous les pas vers ce but sont méritoires, et l'on ne saurait trop bénir l'appel d'un nombre croissant d'individus à la vie intellectuelle et morale et à l'action sociale et politique.

L'introduction sur la scène du monde de masses auxquelles elle était fermée ne s'effectue pas sans quelque tumulte. Ces acteurs nouveaux, qu'une foule plus nombreuse va bientôt suivre, ignorent quelle sera leur place. Ils ont vite appris que l'homme est l'égal de l'homme, mais ils seront lents à comprendre que cette égalité de droit n'est qu'une aptitude et s'incarne en faits légitimes par l'égalité des vertus et des lumières, par la soumission aux sanctions et prévoyances de la loi, par le respect envers les supériorités naturelles et les positions régulièrement acquises et valablement établies.

L'orgueil se développe quand la notion d'égalité se propage; la vanité s'y joint quand s'ébauche l'instruction et quand l'apparition confuse et indécise de la liberté éveille et émeut les volontés sans leur imprimer une direction sûre. Les inférieurs d'hier résistent mal à la tentation de devenir les dominateurs de ceux qui étaient leurs maîtres et d'opprimer qui opprimait. On niait leurs droits, ils nieront les droits d'autrui; ils s'enivreront de doctrines qui, cachant sous la sonorité des mots l'abaissement des idées, proclament le nivellement, l'asservissement aux instincts égoïstes de notre nature, la glorification de la matière.

C'est le sophisme qui est l'ennemi; il excelle à profiter de toutes les faiblesses et sait revêtir toutes les formes; les contradictions lui importent peu, et les esprits les plus divers succombent à ses séductions. Son empire ne s'exerce pas uniquement sur les natures médiocres, sur les intelligences obtuses ou sans lest, sur les poursuivants brutaux d'un bien-être tout matériel : il a aussi une prise malheureuse sur une foule d'êtres qui semblaient destinés à être éclairés et bons, mais chez qui la vanité a perverti la raison; sur des caractères aventureux que le jeu fascinant des révolutions attire et exalte, et que la conscience ne retient pas; sur les songe-creux, les ambitieux, les prétendants à la science ou à la sagesse.

Nous n'avons que trop éprouvé les fatales conséquences du sophisme, et ce ne sont pas pour nous des peintures imaginaires que celles des ravages, des malheurs, des crimes amenés par le communisme, le socialisme, le radicalisme, les fausses conceptions

d'humanité qui entraînent dans la négation de la patrie. Nos sociétés sont condamnées pour longtemps à
opposer une infatigable résistance aux désordres ty-
ranniques de la déraison. La clairvoyance manque
étrangement aux amis du passé et aux adorateurs des
pouvoirs absolus lorsque leurs chants d'espérance et
d'allégresse célèbrent la prépondérance de la force.
Imprudents! Eux aussi ont tout à craindre d'elle et
périraient sans le droit; elle a changé de prétentions et
de place : elle était en haut, la voici en bas ; elle n'appartient plus au groupe privilégié des heureux de la
terre, et a passé dans les mains calleuses d'une multitude envahissante. Écoutez-les : ils se comptent et
sont la force, car ils sont le nombre. Donc, si votre
théorie ne ment pas, leur tour de primer est venu.

Dieu ne permettra pas cet affaissement. Le droit est
habitué à vaincre; il saura triompher encore, quoique
ses plus énergiques adversaires ne soient plus ceux
d'autrefois.

Tenons-nous en garde contre la faiblesse de demander à un retour vers le passé des consolations et
des remèdes.

Un des torts de nos périls sociaux est de fournir des
armes aux ennemis systématiques ou intéressés du progrès. Beaucoup d'esprits sincères, troublés par la peur,
jettent en arrière un coup d'œil de regret et se prennent
à se repentir des vœux qu'il leur est arrivé de former en
faveur de la liberté. Une admiration rétrospective re-
demande ces savantes et commodes organisations politiques où, pour la jouissance des puissants, l'immense
multitude végétait comme instrument de travail. L'ordre
et la paix sont des biens incomparables, et nulle société
ne vivrait sans eux; mais l'ordre dans la tyrannie, la
paix et la sécurité par l'exploitation de nos semblables,
sont des maux et des hontes. C'est grandement se

tromper que de s'extasier sur le silence fait dans les âmes par les soumissions non raisonnées de l'ignorance et de la faiblesse. L'obéissance extérieure n'est point un signe de ce qui se passe au fond des cœurs, et la paix du dehors peut cacher mais ne comble pas le vide du dedans. La crédulité inconsciente n'a pas plus de valeur morale que la négation argumentante ou que l'incrédulité instinctive; elle est également impuissante à fortifier les populations par le sentiment du devoir.

Le passé n'est ni regrettable ni possible, et ses rétrogrades amis auraient grand'peine à préciser leurs souhaits. On calomnierait la grande majorité d'entre eux si on les accusait de conspirer sciemment à ramener les ténèbres sur la portion longtemps obscure du genre humain, souvent égarée par l'indécis rayon de lumière qui commence à l'éclairer. Les bien dotés d'autrefois savent qu'il n'est plus temps de songer à exploiter en tranquillité les masses réveillées de leur engourdissement et devenues moins gouvernables. Il n'y a pas à interdire aux consciences le choix volontaire de leurs convictions et de leurs croyances, afin de remplacer leur responsabilité par des menaces de pénalités, de violences, de supplices, et par une aveugle soumission extérieure à des actes qu'elles ne comprendraient pas. Nul n'aurait la démence de vouloir rendre aux lois pénales leurs tortures et leurs rigueurs, aux procès civils leurs juges arbitraires. Il ne faut pas renier la liberté parce qu'on en abuse; supprimer la presse parce qu'elle blesse et outrage; renoncer à la discussion publique des lois parce que la déclamation s'y mêle, à la publicité de la justice parce que des scandales s'y révèlent; interdire les associations parce que l'anarchie y recrute des instruments; punir corporellement les erreurs de la conscience et de la pensée. Un retour aux maladies de notre passé n'est pas ce qui nous guérira.

Notre guérison est en nous; le règne du droit est un des signes auxquels elle se fera reconnaître.

Il ne faut ni dénier la perfectibilité, ni en déplacer ou en exagérer les conséquences: le progrès indéfini de notre prise de possession du monde extérieur n'est en doute pour personne. Le genre humain s'étend de contrée en contrée, oblige la terre à produire, dompte les animaux, plie à son service les puissances de la nature, multiplie les voies et les instruments de communication, croît en population et en facilité de vie; le travail, les sciences, l'industrie, ne s'arrêtent pas; chaque homme utile grossit, par l'exercice de son activité, le capital de choses et d'idées dont les générations précédentes ont accumulé le trésor. L'état moral de notre espèce, quoique sujet à bien des éclipses et des intermittences, va aussi gagnant sans cesse en surface et en profondeur. Par l'assainissement des milieux au sein desquels nos actes se réalisent, la manifestation du droit s'éclaircit et s'étend; son expression se simplifie et se précise; les lois écrites sous sa dictée se conforment de mieux en mieux au sens vrai des lois naturelles. Les consciences y trouvent un guide plus sûr, parce qu'elles en ont la vue plus facile et plus nette, et que les instruments propres à son discernement et à son service lui fournissent de plus utiles secours.

Ce sont là de magnifiques bénéfices du temps; mais leur valeur serait nulle s'ils ne profitaient pas au perfectionnement par excellence, seul réellement digne de ce nom, à celui des âmes individuelles. La pratique ou la violation du devoir, tel qu'on le sent et le comprend, est ce qui constitue le bien et le mal dans tous lieux, à toute époque, à tous les étages sociaux, à tous les degrés d'instruction comme à tous les âges de la vie. Les progrès généraux de l'humanité, matériels et moraux, amènent à le mieux comprendre; le progrès sur nous-mêmes est ce qui sert à lui mieux obéir. La liberté intime de chacun de nous devient plus responsable à mesure que l'accroissement d'intelligence et de puissance augmente notre énergie d'action pour le bien et malheureusement aussi pour le mal. Plus occupée, la vie coûte plus et rapporte davantage, et avec les occasions de jouissances se multiplient les tentations de faillir. Le lien du devoir subsiste toujours le même, mais l'objet du devoir s'amplifie et s'élève en s'éclairant.

Tous ont un intérêt considérable et direct à ce que la partie cultivée de la population croisse en influence et en nombre. A elle se trouvent inévitablement dévolus le gouvernement des esprits, la direction des affaires communes et par suite l'exhaussement du niveau général. La formation d'une nécessaire et légitime aristocratie, celle des vertus, de la science, des talents, ne devrait offenser ni effaroucher personne, car elle demeure largement ouverte à quiconque se rend capable d'y entrer. Loin d'être pour l'égalité de droit une ennemie jalouse, elle l'aide, l'encourage, la fortifie.

Les hommes à qui a été départi l'heureux lot d'obtenir accès vers la supériorité d'éducation, de science, de fortune, de naissance, sont tenus de savoir qu'ils ont charge d'âmes ; ils se montreraient ingrats envers la Providence et la société s'ils ne se sentaient pas débiteurs en proportion de ce qui leur a été accordé. L'intérêt personnel suffirait pour leur conseiller un louable usage de leur autorité, sûr moyen de ne pas déchoir et de garder leur rang ; mais une noble voix parle plus haut à de dignes cœurs : celle de la loi de charité et de fraternité.

Parmi les missions qui leur sont conférées, il n'en est pas de plus sérieuse que celle d'appeler à l'aisance

et à l'instruction le plus grand nombre possible de nos
semblables. Il y a justice à reconnaître qu'une admirable impulsion est donnée de nos jours à la propagation de l'éducation primaire. Ce bienfait, qu'un mouvement généreux de l'opinion s'efforce à rendre de plus
en plus efficace, rachètera de beaucoup de fautes l'honneur de notre société actuelle. Le perfectionnement de
l'enseignement supérieur n'a pas de moindres titres à
notre vive sollicitude, car c'est à lui qu'il appartient
d'affermir et d'étendre dans les degrés sociaux déjà
éclairés et libres l'emploi raisonné et méritoire de la
liberté.

Les agronomes classent les progrès de la culture en
intensifs et extensifs. La culture intensive accroît la
production d'un sol déjà producteur; extensive, elle
obtient des fruits sur les terres qui n'en donnaient pas.
Il faut en dire autant de la culture intellectuelle et
morale, et attendre d'immenses résultats de son augmentation d'intensité. Nous n'avons pas ménagé les
sévères objurgations aux imperfections et aux dangers
de la demi-science : les inconvénients qui l'accompagnent ont un remède unique, mais efficace, et sont destinés à le trouver dans une science plus avancée.

Notre hygiène doit changer avec les modifications
de nos conditions d'existence. Puisqu'un nombre toujours croissant entre en participation de la conduite
des sociétés, puisque l'activité s'accélère avec ses jouissances et ses périls, et que les compétitions sont plus
ardentes, la concurrence plus batailleuse, il faut que
chacun redouble d'efforts. Le travail est en honneur
et ennoblit ceux qu'il avilissait : il lui est donc commandé de déployer un surcroît d'énergie et de prévoyance. Les conquêtes de la science centuplent la
production en même temps qu'elles la déchargent de
la plus rude partie de ses labeurs : si donc les instincts

se sentent plus à l'aise pour céder aux séductions du matérialisme, il faut en repousser avec plus de vigueur les égoïstes envahissements.

L'espèce humaine n'est pas condamnée à placer son bonheur dans les commodes et paisibles jouissances d'une existence végétative ; l'œuvre de son émancipation civilisatrice n'est encore que commencée : c'est au progrès du droit, but accepté par les âmes honnêtes et religieuses, qu'il est réservé de la mener à bien. Appelé à des luttes nouvelles, il n'a point à désavouer l'honneur de ses précédentes victoires. Tous les hommes, sur quelque degré social qu'ils se trouvent placés, sont appelés à l'honneur de soutenir vaillamment l'éternel combat contre la force ; l'armure dont notre devoir à tous est de revêtir les générations qui entrent dans le monde est une éducation plus intelligente et plus complète que la nôtre. On descend si l'on ne monte.

Une grande part est à prendre par la magistrature dans ce travail universel, car c'est à elle à faire sentir et comprendre l'action de la loi, et à répandre les enseignements pratiques par l'équité et la clarté de ses décisions.

L'expérience atteste que, si les luttes du droit contre la force prennent incessamment des formes nouvelles, c'est toujours à lui, quand il persévère, que reste définitivement la victoire. Marchons en avant : la Providence permettra que ce présage du passé ne soit pas démenti par l'avenir.

J'ai parlé de beaucoup d'utopies, et je n'ai rien dit d'une d'elles, bien chère aux amis du droit : j'ose à peine, au milieu de nos douleurs nationales, m'aventurer à prononcer son nom. Sa réalisation, d'ailleurs, apparaît si lointaine, tant de faits la nient, tant d'institutions la découragent, tant de préjugés la discréditent, une si éclatante auréole entoure ceux qui la violent, que n'en pas désespérer semble folie.

Vous avez nommé cette utopie : c'est la paix perpétuelle.

La guerre est la force triomphante et le juge unique et suprême; elle est le meurtre en grand, le déchirement, la rapine, la dévastation; elle est, de peuple à peuple, le déchaînement, réputé licite, d'actes que l'ordre intérieur de toute société devenue régulière qualifie de crimes et se fait un devoir de punir.

Les hommes ont déifié cette révélation de leur barbarie, et, pour récompense du sang versé, des affections brisées, des richesses englouties, ils lui ont donné la gloire et ont réservé les premières places de leur histoire à ses héros. Ils prouvent ainsi qu'ils sont encore des sauvages; ils persévéreront à l'être tant qu'ils mettront leur honneur à adorer cette idole.

Longtemps on a accueilli par des persiflages les quelques voix qui se risquaient à dire : « Ne tuez pas, ne pillez pas; aidez-vous et aimez-vous, car vous êtes des frères; cherchez le bonheur dans la charité; trouvez des arbitres à vos querelles, des juges à vos différends. »

Les sages eux-mêmes se sont courbés devant l'engouement universel et ont philosophiquement encensé l'art de l'extermination; leur grande audace a été d'essayer à un peu apprivoiser le monstre en l'enlaçant dans quelques règles qu'ils ont appelées des lois.

On ne saurait trop louer les courageux efforts et les nobles espérances des jurisconsultes à qui la science est redevable de savants traités sur le droit de la guerre et des gens, qui ont honoré et souvent même illustré leur nom. La Cour de cassation a eu la satisfaction de voir, cette année, un de ses membres[1] se joindre

---

1. Le conseiller Morin, *Les lois relatives à la guerre.* Paris, 1872, 2 vol. in-8°.

par une consciencieuse publication à cette estimable phalange. Ces travaux ne sont assurément pas demeurés stériles ; leurs auteurs ont mérité la reconnaissance non-seulement par leurs protestations éloquentes contre la violation des lois naturelles, mais aussi par les résultats pratiques qu'ils ont parfois obtenus : car ils sont parvenus à tempérer quelques excès et à adoucir quelques aspérités. Mais, avouons-le, ce sont là d'assez faibles palliatifs, qui laissent subsister l'horreur du mal. Introduire le droit dans la guerre, qui est la négation du droit, ou qui est tout au moins la proclamation officielle de son impuissance, restera toujours un incompréhensible problème. Les axiomes de la loi naturelle, de si éclatante évidence qu'ils brillent, de si haut qu'on les proclame, risquent d'être mal écoutés dans le tumulte des batailles et dans les ivresses du succès : ce sont trop souvent des toiles d'araignée que le vent de la victoire déchire et emporte.

Ne nous taisons pas sur de meilleurs symptômes qui se font jour de toute part, et admirons les contradictions offertes par l'état présent des sociétés. Partout on s'arme, on se fortifie, on se prépare aux vigoureuses défenses, et cependant partout aussi on vante la paix, et son nom est invoqué avec un respect profond et des effusions de tendresse par ceux mêmes qui au fond du cœur ne veulent pas d'elle. L'opinion s'émeut en sa faveur, on ose se proclamer ses amis, et les ligues se forment pour la glorifier. Un mémorable exemple de conciliation et de justice vient d'être donné par la soumission de deux puissantes nations au tribunal arbitral réuni à Genève. Un arbitrage a plus récemment tranché un autre différend qui subsistait entre les mêmes pays. Je n'aurai pas la témérité de dire quelle sera dans cet ordre d'idées la politique de

la France et jusqu'à quelles limites sa prévoyance portera les précautions nécessaires. Pour émettre un avis
sur des questions si redoutables et si complexes, la
science, l'expérience, l'autorité, me manquent; mais un
vœu qu'il sied de former devant vous, hauts représentants du droit, c'est celui d'assister à l'avénement sérieux de la paix, à l'établissement de garanties réelles
et d'institutions internationales généreuses et efficaces.

Nous, les vaincus d'hier, osons le crier à la face du
monde, témoin de nos récentes défaites, et que les
ressentiments de notre orgueil blessé n'éteignent pas
en nous l'intelligence des vérités éternelles : la paix est
bonne, la guerre est criminelle. Notre bien-aimée
patrie ne peut donner un plus éclatant témoignage de
sa renaissance qu'en ne sacrifiant pas à ses rancunes la
cause de la civilisation. Qu'elle dédaigne de demander
à la force la revanche qu'elle attend ; il est digne
d'elle de chercher dans la primauté du droit la répara-
tion de ses maux et le retour de tous ses enfants.

4 Novembre 1872.

III

PERSONNALITÉ ET SOCIABILITÉ

Au moment où s'ouvre une nouvelle année judiciaire, un devoir particulier est imposé au ministère public : il lui est prescrit d'inaugurer la reprise de vos audiences par quelques paroles sur un des objets de vos méditations habituelles.

J'ose espérer que vous ne me désapprouverez pas si j'appelle votre attention sur ces lois maîtresses, sources de justice, qui, supérieures aux intérêts, aux calculs, aux préjugés, aux mobiles passions du jour, sont vraies dans tous les temps et sous tous les régimes, et placent la science du droit, alors même que celle-ci s'occupe de nos questions présentes, en dehors et au-dessus des agitations dont le perpétuel renouvellement nous trouble et nous divise.

J'essayerai de vous soumettre quelques considérations, trop incomplètes, sur les caractères de la personnalité humaine et de la sociabilité.

Votre expérience a certainement reconnu que plus

on avance dans la connaissance du droit et des autres
sciences philosophiques, plus on sent la simplicité s'introduire dans l'expression des règles premières d'où
découlent les théories vastes et saines destinées par
un merveilleux accord à diriger la pratique de la vie.
Les axiomes s'éclairent en se condensant, et leur
nombre se réduit à mesure qu'ils s'agrandissent et
s'élèvent. Tant qu'on n'en est encore qu'à recueillir
des décisions isolées, des observations de détail, des
faits variables et accidentels, on est exposé à se perdre
dans ce labyrinthe, à hésiter, à être envahi par le doute :
c'est quand une vérité apparaît que se montre le fil
conducteur. L'étude et la discussion des problèmes
métaphysiques sont un utile exercice qu'il serait messéant de ne pas révérer ; mais, après qu'on s'y est cu-
rieusement complu, au risque parfois de s'y égarer,
on en vient à se demander si, pour résoudre bien de
hautes questions, le parti le plus sûr ne serait pas d'in-
terroger le sens commun. L'intelligence n'est jamais
aussi pleinement satisfaite, et la conscience autant en
repos, que lorsqu'on arrive à asseoir logiquement ses
convictions sur de nettes vérités acceptables par tous,
ou même, ce qui vaut mieux encore, déjà universelle-
ment acceptées. Quoi de plus adorablement clair que
la simplicité de l'Évangile ? Une des gloires du droit
romain est d'avoir semé avec profusion dans le monde
ces puissants brocards où parle la vulgaire raison. Les
meilleurs esprits se gardent de dédaigner la monnaie
courante des proverbes populaires, sauf, bien entendu,
à y choisir : car la sagesse des nations est aussi un dé-
pôt de leurs préjugés et de leurs sottises. Tenons en
estime et sachons mettre à profit les vérités élémentaires. L'excellente habitude d'aimer à ce que leur expression apparaisse dans les arrêts et en éclaire la
rédaction a été, dès l'origine de la Cour de cassation,

une des causes qui ont contribué au crédit de votre jurisprudence.

Tout être humain est individu sociable. Ces paroles ne sont que l'affirmation d'un fait dont nul ne s'aviserait de contester l'évidence. D'importantes conséquences en dérivent ; je vous en signalerai quelques-unes.

L'universalité de ce fait est ce qui doit frapper d'abord, car elle atteste qu'en ce qui dérivera légitimement du double caractère individuel et sociable le dogme fondamental de l'égalité n'admettra point d'exception.

La condition de tous les hommes étant d'exister comme individus, chacun d'eux sait et sent qu'il est soi et non pas autre, et a la conscience et la garde de sa vie et de son droit. Il se peut que notre personnalité soit gênée, entravée, opprimée ; que son développement manque ou s'arrête, que ses forces s'éteignent par l'infirmité du corps ou de l'âme : il ne se peut pas qu'elle cesse de durer tant que nous durons. Atome au sein de l'univers, chacun de nous est un des centres auxquels cette immensité aboutit. L'humanité entière n'est que la collection de ces atomes ; elle ne saisit du monde physique, intellectuel, moral, que ce qui a passé par leurs perceptions ; elle n'existe que par leur perpétuel contact, d'une part avec les choses extérieures à eux, d'autre part avec les mille influences, amies ou hostiles, favorables ou nuisibles, des actes et pensées d'autrui.

De ce que rien n'arrive à la connaissance humaine sans l'entremise des perceptions individuelles, nombre de philosophes, et des plus illustres, ont tiré des conclusions étranges. N'admettant comme prouvées que les modifications subies par le sujet pensant, ils ont hardiment dénié ou relégué à l'état d'hypothèse la réalité des objets qui lui sont extérieurs, et ils ont absorbé en lui les êtres, les choses, le temps, l'espace. Ne craignez pas que je vous entretienne de ces querelles, et permettez que, me rangeant parmi les humbles serviteurs du bon sens, j'ose croire, sans hésitation ni scrupule, aux existences extérieures autant qu'à la mienne ; bornons-nous à constater que, si nous y croyons invinciblement, c'est sur la foi des rapports qui s'établissent entre elles et nous.

La contemplation de notre personnalité n'a pas égaré que des métaphysiciens : elle a été un écueil pour trop de moralistes, et ici l'aberration a été plus funeste. Au lieu de se perdre en subtilités inabordables au vulgaire, elle s'est adressée aux masses dans un langage intelligible, et a contribué à fausser en elles les idées du bien et du mal : une popularité dont l'influence persiste malgré les réfutations de la science et les résistances de la raison a donné crédit au système, fort ancien d'ailleurs, qui, exaltant l'intérêt personnel, l'érige en mobile unique et souverain arbitre de nos volontés et de nos actes.

La personnalité a souci de notre corps et de son bien-être, de notre amour-propre et de ses jouissances ; mais son rôle ne se borne pas là : à elle appartient la conservation, la culture, la dignité de notre âme ; elle sait s'élever aux plus sublimes hauteurs de la pensée et aux aspirations généreuses, et c'est singulièrement la dégrader que de l'emprisonner dans le sentiment qu'on est habitué à désigner sous le nom d'intérêt personnel. Laissons aux mots leur acception usuelle, si nous ne voulons pas égarer les idées. L'intérêt personnel représente, dans la pensée de tout le monde, l'égoisme et le culte des appétits sensuels et matériels. C'est pris en ce sens qu'il est haïssable et qu'il est prôné par les systèmes où on le donne comme le fondement et l'explication de la vie morale.

Par un de ces jeux de langage familiers à la polémique lorsque, se sentant vaincue, elle avise à sortir d'embarras, on dit quelquefois que la culture et le perfectionnement de soi, demandés et offerts à Dieu dans l'attente d'une vie meilleure, sont une des formes de l'intérêt que l'on porte à sa propre personne et un calcul de salut. C'est là abuser des mots et passer d'une doctrine à l'autre sous le couvert d'un changement d'étiquette. Ainsi dépouillée de sa signification habituelle, la qualification d'*intérêt personnel* ne représenterait pas les mêmes idées et cesserait d'être l'expression du système qui choisit l'égoïsme pour sa clef de voûte; elle ne désignerait plus l'adoration de soi et reconnaîtrait le devoir, le sacrifice, le respect du droit, l'amour d'autrui.

Lorsqu'on se fait une exacte idée de la personnalité, on échappe à de telles équivoques. Ce qui la préserve de l'égoïsme, sa tentation et son danger, c'est la conviction de son existence en autrui comme en nous. L'obligation de la respecter dans tous les êtres humains est la base de la justice.

L'imagination, dans ses plus fantasques hardiesses, se refuserait à rêver une juxtaposition d'individualités indépendantes, marchant chacune dans sa voie, sans règle ni frein, n'obéissant qu'à soi, ne s'occupant en rien de ce qui touche des droits pareils aux nôtres. Il est nécessaire, pour la paix des relations mutuelles, qu'un ordre s'organise et leur ouvre un abri contre les confusions et les conflits : de là l'intervention des institutions et des lois.

La condition et la récompense de l'harmonie générale des sociétés est l'augmentation progressive du nombre des personnalités individuelles arrivées à jouir en sécurité de la plénitude de leurs droits. Chacune d'elles tend à la liberté, dont la perfection consisterait à pouvoir ce

que l'on veut en voulant ce qu'on doit. Contre la poursuite de cet idéal deux natures d'obstacles se dressent :
les uns résident en nous et ne se surmontent que par
notre empire sur nous-mêmes ; les autres, qui ont leur
siége au dehors, proviennent des choses et des hommes.
Pour nous défendre des choses et nous en servir, les conquêtes croissantes de la science entraînent l'humanité,
malgré les infranchissables limites de nos facultés, vers
un progrès indéfini. Devant les obstacles humains, les
espérances de perfectibilité sont condamnées à être
plus modestes, et de faciles mécomptes les attendent.
L'homme de tous les temps a ses penchants au mal
comme au bien, et la civilisation, qui l'améliore et lui
fait plus nettement discerner le devoir, augmente, par
une sorte de compensation morale souvent périlleuse,
ses ambitions et ses moyens de faillir. Si, en devenant
plus éclairés et plus forts, nous ne savions nous rendre
meilleurs, notre punition serait d'être pires.

Les destinées du genre humain se poursuivent ainsi
sous l'impulsion de deux puissants facteurs qui lui
commandent et lui obéissent : l'un est l'ensemble har-
monique des lois que le Créateur a imprimées à la
marche mécanique et physique de toutes les parties
de ce vaste univers, lois auxquelles notre nature est
asservie et qu'il lui est à son tour octroyé d'employer à
son service, parce qu'il est donné à notre intelligence
de les lire ; l'autre est l'action concurrente des volontés
dont l'auteur de la vie a doué les hommes en les investissant du redoutable choix entre le bien, qu'il nous
inspire et qu'il nous révèle comme étant la règle, et le
mal, qui est notre épreuve.

La vie du genre humain serait impossible et inintel-
ligible sans les innombrables êtres collectifs dont la
multitude remplit le monde. Les individus dont l'assemblage les compose n'abdiquent pas en eux la per-

sonnalité : ils la conservent entière, et, jamais absorbés dans un seul, ils font immanquablement partie de plusieurs à la fois, à des degrés d'adhérence inégaux. Les causes et les modes de formation des êtres collectifs varient à l'infini. Beaucoup naissent et se maintiennent par l'effet d'attractions instinctives que la loi positive devra régler, mais ne crée pas ; d'autres, produits des institutions, existent en vertu de dispositions expresses de la loi ; un grand nombre sont l'œuvre volontaire de contrats privés et de conventions spéciales. Chacun d'eux, de quelque origine qu'il procède, prend possession d'une existence à part qui le distingue de ce qui n'est pas lui, sans que cependant la personnalité lui appartienne. Famille, cité, nation, gouvernement, assemblée, tribunal, académie, maison de commerce, entreprise d'industrie, existent, agissent, occupent une place qui leur est propre, mais sans posséder l'unité d'un *moi* indivisible. Ce que la collection exprime et représente, ce n'est pas l'être entier des individus qui sont ses membres : c'est seulement la classe de relations dont ceux-ci lui font apport.

Les êtres collectifs sont exposés, non moins que les individus, à se comporter comme s'ils existaient seuls dans le monde ou y étaient réservés à une place prépondérante. Le culte de la famille, l'esprit de corps, le patriotisme, sources de généreuses actions et de touchantes vertus, peuvent errer et se perdre par la préoccupation de soi ; ils ont leurs ambitions, leurs passions, leurs injustices, leurs cruautés. Ces excès ne sont pas l'égoïsme, car l'individu se rehausse et s'épure par l'adoration de la collection dont il est membre et par les sacrifices qu'il s'impose pour elle ; mais c'est l'iniquité, le fanatisme, la rupture de l'équilibre moral.

Le préservatif est le même que pour les individus : tenir compte d'autrui comme de soi. Le droit, dont la loi positive est le verbe, dont l'autorité publique est la sanction et la garde, se manifeste par le complet respect pour l'ensemble des existences légitimes, individuelles et collectives, et pour chacune d'elles prise à part.

La croyance en l'égalité enseigne ainsi à la raison les éléments de la justice. Il serait facile de démontrer que sur cette base reposent la liberté générale et la propriété. La propriété consacre et consolide les appréhensions loyalement et utilement opérées sur les choses par la puissance du travail ; elle est une expansion de la vitalité humaine, et a droit au même respect que les personnes dont elle devient un attribut.

Comprendre la justice ne suffit pas : il faut l'aimer. C'est à une autre loi de notre nature, à l'instinct de la sociabilité, qu'il appartient de nous inspirer cet amour.

Le sentiment qui nous attache à nos semblables n'est point un produit du raisonnement, un résultat d'expérience, une convention, une leçon d'autorité : il naît spontanément, sans calcul ni efforts, sans contradiction ni doute, comme une des conditions constitutives de notre âme ; il accompagne le premier éveil de notre pensée et ne nous quitte jamais. L'enfant ne raisonne ni n'argumente quand il sourit à sa mère, ni la mère en embrassant son enfant. A mesure que l'intelligence de celui-ci s'ouvre et s'étend, il s'éprend de ceux qui l'entourent, il a besoin d'eux et s'en sert ; ses relations se multiplient à mesure que sa personnalité s'accentue, sans qu'il ait conscience du moment où se forment les mille liens qui envelopperont sa vie. Nous croyons à autrui comme nous respirons, sans y songer ni le savoir. N'y eût-il pour signe de notre destination à être unis que le don de la parole, cette démonstration suffirait. Les imaginations les plus hardies ont échoué dans leurs peintures quand elles ont osé aborder la chimère d'un isolement d'existence matérielle ou intellectuelle.

La sociabilité est le ciment du genre humain ; elle nous apprend instinctivement que dans les nécessités de commerce avec autrui résident nos meilleurs éléments de bonheur et de plaisir ; elle combine et respecte les deux grandes lois concurrentes d'égalité et d'inégalité sans le concert et l'harmonie desquelles nulle vie commune ne serait possible. On le voit clairement par la diversité avec laquelle les rôles se distribuent dans sa plus touchante et primordiale manifestation, dans la famille.

Toute réunion d'êtres humains a pour condition d'existence l'obéissance à des règles que la sociabilité inspire et fait accepter. Le pouvoir naturel que le chef de famille exerce sur les siens est le type primitif des gouvernements. Le patriarcat en est une extension ; il réunit en faisceau les branches d'une même souche plus ou moins éloignées, puis agglomère plusieurs familles, puis embrasse clans et tribus dans le cercle successivement agrandi. Un moment vient où l'accroissement du nombre multiplie les résistances et suscite les rivalités ; la force manque à la main chargée des rênes, et l'influence paternelle ou patriarcale ne suffit plus à l'établissement et au maintien d'un ordre qui n'est plus volontairement obéi. Quand elles se sont divisées en ramifications que chaque jour distend et particularise, et quand des groupes rivaux se sont organisés à côté d'elles, les familles deviennent des fractions relativement trop faibles pour étreindre dans leur loi ce qui se détache du tronc ou provient d'origine étrangère. Voisinage, consommations, approvisionnements, échanges, mille besoins communs, appellent sur une sphère plus compréhensive l'action plus forte d'une autorité régulatrice. L'agglomération en communes reste elle-même

trop étroite et ne suffit pas pour satisfaire aux innombrables motifs d'expansion et de concentration. Partout les nations se dessinent, et l'universalité de leur
formation en États distincts suffirait pour attester que
ce classement des peuples constitue une des conditions
auxquelles les développements de l'humanité sont en-
chaînés. L'irrésistible entraînement de la sociabilité
opère ces rapprochements et a besoin d'aliments à sa
portée. Le patriotisme alors naît et se précise; les
affections et les passions, les devoirs et les droits, les
intérêts, les traditions, les jouissances, le langage, la solidarité, se coalisent en lui et élèvent jusqu'à la dignité
d'une vertu les sentiments de citoyen.

Des règles présideront à ces rapports, sinon point
de familles, de cités, de nations, mais assemblage
désordonné d'unités aveugles et incohérentes. Ces règles
ne sauraient se manifester par l'expression arbitraire
des caprices individuels : il faut qu'une puissance supérieure les érige en commandements obligatoires et
généraux; il faut des lois, des gouvernements, des
juges. Ce concours des trois pouvoirs, distincts ou
confondus, existe inconscient ou aperçu dans les associations les plus humbles comme dans les plus vastes
États; toutes ont besoin d'une intervention et d'une
exécution de la loi positive pour la sécurité et la ga-
rantie des personnalités individuelles, pour le respect et
la paix des rapports qui les unissent, pour la gestion
des intérêts communs, pour l'obéissance aux conventions régulièrement formées.

Les applications abondent; ne citons que la plus
éclatante. Si tutélaire et affectueuse, si spontanée et
supérieure aux calculs que soit l'autorité paternelle et
maternelle, si intimement que se partagent les effusions
de l'union conjugale, si énergiquement que puissent se
développer les obligations et les tendresses de la pa-

renté, la loi pénètre, à bon droit, dans l'intérieur de la famille, et s'enquiert du sort qui y est fait à chacun de ses membres ; elle punit les mauvais traitements et les violences, exige des aliments, commande d'élever les enfants, veille à la conservation des biens. Nous assistons à un redoublement d'efforts de l'opinion pour obliger l'instruction à ne manquer à personne, et quelques doutes ne subsistent entre les esprits éclairés que sur le mode des sanctions extérieures dont l'accomplissement de ce strict devoir moral est ou n'est pas susceptible.

La personnalité insociable est haïssable ; la sociabilité ne vaut pas mieux quand elle nie ou méconnaît les personnes. Ainsi égarée, elle a un nom : on l'appelle *socialisme*.

Ce n'est pas là une doctrine aisée à définir, et ses adeptes eux-mêmes ne s'accordent guère dans leurs explications de ce qu'elle est et veut être. La prétention qu'elle annonce est de subordonner à l'intérêt social les intérêts individuels. L'entreprise serait assurément fort louable, mais on se condamne à l'impossibilité d'atteindre un but quand on le dépasse. Le socialisme ne se borne pas à un généreux combat contre les illusions et les exagérations de la personnalité : il pousse sa thèse jusqu'à supprimer la liberté des individus et la propriété, afin de transporter aux masses l'exercice de tous pouvoirs, la jouissance de tous biens. Or que sont les masses ? Il n'est pas besoin de réfléchir longtemps pour reconnaître qu'une agglomération, être impersonnel, ne veut, n'agit, ne possède que par les membres réels et vivants qui la composent. L'attribution à une masse est donc la préparation à une destination finale, seule effective, qui, d'après certains modes d'affectation et de distribution, en amènera le profit à des individus seuls aptes à en obtenir une jouissance et à devenir, en totalité ou en partie, les bénéficiaires. Plaçons-nous dans l'hypothèse où les bénéfices seront recueillis d'après les règles de la justice : il arriverait alors que les droits de chaque personne investie seraient reconnus comme s'attachant à elle, et par là l'individualité renaît pourvue des attributions qui lui sont allouées. Si, au contraire, les désignations des profits sont capricieuses et arbitraires, l'iniquité de la dévolution, quoique ôtant à la jouissance le caractère de droit, lui laisse celui d'individualité.

Dépouiller les uns pour doter les autres, offenser l'égalité vraie, qui est l'accession de tous aux résultats que chacun aura la puissance d'atteindre selon ses forces et ses mérites ; détruire ainsi, par l'artifice de combinaisons violentes ou rusées, les conséquences légitimes des insurmontables inégalités naturelles et des droits justement acquis, telle est la fin à laquelle on aboutit fatalement. Ces tentatives de déplacement, ou, pour parler plus exactement, de révolution; ces efforts pour abaisser ce qui était haut et exalter ce qui était bas, ne peuvent rien de durable : car les arguments qui auraient bâti les succès d'un jour sont précisément ceux qu'on emploiera à les détruire ; l'envie se hâtera de proscrire les élévations nouvelles et de courber les arrivants, comme leurs devanciers, sous le nivellement de la médiocrité et l'asservissement aux dominateurs de la semaine. Les triomphes du socialisme se résoudraient en changeantes et courtes séries d'exploitation des dupes ; il a égaré les ignorants et les simples par le prestige du nom dont il s'est paré et qu'il a fait entrer dans la langue en la pervertissant. La pompe de ses déclamations a masqué le vide de ses doctrines incomplètes et abrite les usurpations des ambitieux subalternes, des déclassés, des mal dotés.

Une des conséquences de la sociabilité, le droit d'association, mérite une attention particulière. Ses immenses bienfaits et ses abus pleins de dangers offrent aux législations et aux gouvernements de difficiles problèmes.

Les pouvoirs publics, dans leurs rapports avec les individus, s'adressent aux actes, non aux tendances, et s'abstiennent de pénétrer dans le for intérieur. Les lois, quand elles atteignent les pensées coupables, considèrent non la faute commise en les concevant, mais les préjudices et les blessures que leur manifestation a causés, et les provocations, les diffamations, les injures, les offenses, dont elles se sont rendues les instruments.

Ce n'est pas seulement à raison de méfaits consommés ou commencés que la répression est applicable aux associations : ce peut aussi être pour des plans et projets qui, sans avoir reçu encore exécution, sont déjà des actes, puisqu'ils n'ont pu se former qu'à la suite de concerts, de conventions, de préparations extérieurement manifestées. Ce n'est plus là un avenir conjectural dépendant d'une détermination à prendre ultérieurement par telle ou telle volonté individuelle.

La puissance publique a le devoir de s'enquérir de la destination des associations conventionnelles, de comprendre leur but, de ne pas hésiter à les interdire quand elles menacent l'ordre, alors même qu'elles n'en seraient pas venues encore à le troubler. Le tact est ici nécessaire, afin de n'être ni soupçonneux ni dupe ; il faut savoir faire la part de la situation politique, des mœurs, des traditions, des institutions, des idées régnantes et de mille distinctions infinies.

Une des craintes légitimes de tout État qui veut agir et durer est de voir élever dans son sein comme des États rivaux dont l'influence paralyserait ou contrarierait l'action des pouvoirs officiels, gardiens et

protecteurs de tous. Ainsi s'expliquent bien des défiances et la longue série de luttes qui, dans notre
histoire, ont si souvent et si ardemment mis aux
prises la royauté, le clergé, la magistrature et les divers
ordres de citoyens.

Parmi les instructives observations que toutes les
classes de notre société fournissent, prenons un
exemple ; demandons-le aux vicissitudes subies, depuis plusieurs siècles, dans la condition des marchands
et artisans. Leurs corporations sont nées comme ligues
défensives et assurances mutuelles contre les oppres-
sions des seigneurs et des forts et contre les désordres
de l'anarchie. Dès qu'elles ont senti leurs forces, elles
ont aspiré à leur part de tyrannie et se sont appliquées
à ériger en forteresses fermées leurs étroites et jalouses
enceintes de priviléges, statuts et règlements. Sous
prétexte d'ordre et de discipline, d'apprentissage et de
tutelle, les maîtrises et jurandes ont multiplié les exactions, les interdictions arbitraires, les exclusions intéressées ; leur joug a pesé sur le travail et s'est allié à
une fiscalité dévorante. Une résistance obstinée a longtemps rendu vaines les plus raisonnables tentatives de
réformes. Turgot y a échoué. Quand la Révolution
est venue, elle a balayé les corporations et les jurandes ;
mais elle aussi n'a pas su s'en tenir à la justice et s'est
emportée jusqu'à l'oppression. Sa peur des abus a tout
abattu, le bon avec le mauvais ; elle a supprimé les
associations volontaires, les syndicats intérieurs, les
ententes professionnelles et jusqu'au droit de réunion.

L'abolition des corporations a beaucoup profité au
commerce et à l'industrie, et les tentatives rétrogrades
qui ont, à plusieurs reprises, essayé de ressusciter leurs
anciennes formes, n'ont abouti à aucun résultat sérieux. Ce qu'il faut regretter, c'est que les restrictions
aient été excessives. Les sentiments de confraternité y

ont perdu, et plus de latitude laissée au droit de réunion aurait pu être un élément d'ordre et de paix. Il y a lieu de favoriser, non de combattre, les efforts faits en ce sens. Tous ne sont pas restés inutiles : des sociétés de secours mutuels, des caisses d'épargne et de prévoyance, des mesures de discipline intérieure, ont aidé de réels progrès dans les mœurs.

Les associations ne sont plus celles d'autrefois, et les discussions ont, en s'élargissant, pris une face nouvelles. Sujétion, apprentissage, priviléges, franchises, monopoles, sont devenus des questions accessoires et secondaires ; elles s'absorbent dans la thèse générale de l'usage à faire de la liberté, et ce qui préoccupe ardemment les esprits, ce sont les parts à assigner aux maîtres et aux ouvriers. Le malheur du genre humain est de ne pas savoir s'arrêter à temps : on invoque la liberté, et on aspire à pratiquer la licence. Affranchis d'hier, les ouvriers veulent être dominateurs ; les ligues nées pour la défense s'arment pour l'attaque ; les rancunes d'une ancienne oppression, l'ignorance, et, ce qui est plus terrible qu'elle, les égarements de la demi-science sèment l'aigreur, et l'aigreur engendre la révolte contre la société établie ; l'esprit, de tracassier et frondeur, devient agressif et hostile.

Il est une association qui occupe aujourd'hui dans les préoccupations publiques une telle place qu'il est impossible de ne pas s'inquiéter d'elle. Le nom d'*internationale,* qu'elle se donne, est presque la négation de la patrie ; son but avoué et glorifié est d'organiser une lutte du travail contre le capital. L'entreprise est insensée, car elle ne tend à rien moins qu'à mettre en guerre deux alliés nécessaires, dont chacun périrait sans l'autre. Le capital est le travail accumulé par l'épargne ; il est l'instrument, la vie, l'outil du travail, sa puissance dans le présent, son espérance pour l'avenir.

Ces croisades contre l'ordre régulier des sociétés humaines séduisent souvent l'inexpérience et parviennent à rallier bien des rêveurs de bonne foi ; leur danger sérieux est d'appeler au service de l'envie et de la haine, de la cupidité et de la paresse, de toutes les passions anticharitables, les troupes d'ignorants, de cœurs gangrenés, d'esprits faux et obtus. Les législateurs de tous les pays civilisés interdisent et condamnent ces associations, si facilement coupables ; ils font en cela acte de légitime défense et de bon sens.

Nous serions déraisonnables si le juste blâme de tels excès et les précautions à prendre contre leurs périls nous entraînaient dans une réaction inintelligente. La liberté d'association a besoin d'être réglée, mais les mœurs d'un peuple sont bien débiles quand elles obligent à trop la restreindre : car le droit instinctif et tutélaire sur lequel elle repose est une condition de l'activité humaine et un indispensable instrument de ses progrès de cohésion. Nous sommes entourés de ses bienfaits : le moindre coup d'œil nous montre des myriades d'êtres collectifs concourant, chacun dans sa sphère, à la vie générale ; et, si l'on fait comme un inventaire de notre état de société, on admire le vaste et puissant réseau dans lequel l'association et ses œuvres pratiques enlacent et coordonnent les besoins et sentiments universels en même temps que les exigences des intérêts particuliers. Ni les corps, ni les esprits et les âmes, ne se passeraient de ce secours. Quant aux individualités éparses et désarmées, il leur est interdit de se confier à l'avenir et de lui demander des espérances de perfectionnement et d'indépendance.

La suppression de la liberté n'empêche que très-imparfaitement les associations mauvaises et nuit à la formation des bonnes. Celles-ci cependant sont le meilleur remède contre celles-là, et plus efficace que

les lois le plus savamment combinées. Ne méconnais-
sons pas les bienfaits dont la France est redevable à
tant d'utiles sociétés qui la couvrent, et qui, dans les
ateliers et les campagnes comme au sein des villes,
soulagent la misère, propagent l'instruction, combattent le vice, stimulent l'épargne, encouragent les
sciences et les arts. C'est beaucoup, mais ce n'est pas
assez. La partie éclairée de la nation ne s'acquitte qu'à
demi de son œuvre, et ne soutient pas toujours son
rôle avec assez de vaillance dans la lutte, destinée à
durer autant que le monde, entre le bien et le mal. On
gémit quand on voit, dans tant de circonstances décisives, les bons hésiter, ou, ce qui est pire, se piteuse-
ment abstenir. Qu'ils se comptent et s'organisent; ils
verront qu'il dépend d'eux d'être les plus forts, et ils
avoueront, s'ils réfléchissent, qu'il y aurait lâcheté à ne
pas travailler à l'être.

La sociabilité qui unit les hommes veut et poursuit
le bien commun; mais, au lieu de le chercher, comme
fait le socialisme, dans des généralités confuses, elle le
place au sein du monde réel, c'est-à-dire dans la plus
grande somme possible des bien-êtres individuels.
Sa sympathie s'applique à entourer de garanties les
personnalités : elle les souhaite libres; elle honore et
respecte la possession paisible de ce qui leur a été
acquis par le travail, ou transmis régulièrement par
échange, donation, succession; elle ne s'engage pas
dans une injuste et impuissante révolte contre les inégalités de nature qui influent sur la distribution des
richesses, mais consacre ses efforts à tempérer les
maux de la misère et de l'ignorance et à en combattre
les causes; elle sait que tous les êtres doués d'une âme
s'appartiennent à eux-mêmes et vivent par autrui et
pour autrui, qu'il ne leur est donné d'exploiter utilement le monde matériel et d'arriver à de sérieuses

conquêtes dans le monde des idées qu'avec la coopération de leurs semblables, et qu'aidés, soutenus, éclairés, servis, aimés, ils doivent aide, service, amour.

Partout se montrent l'efficacité et la nécessité d'une constante harmonie entre les deux lois dont le clair langage nous enseigne qu'individus libres, responsables, chargés de notre propre garde, nous ne pouvons quelque chose pour notre bien qu'en pratiquant envers nos semblables les devoirs qui nous sont communs avec les leurs. Ces vérités, que le bon sens accepte sans effort, se passent des démonstrations de la science.

Félicitons le droit public français de se trouver en possession d'une populaire devise à laquelle se rattachent chacune des paroles que nous venons de prononcer devant vous. Sachons être dignes de la glorifier hautement, malgré les impiétés odieuses qui ont profané son invocation. Liberté, Égalité, Fraternité : comprenons, aimons, appliquons ces admirables paroles que la France, en haine des amers souvenirs mêlés à leur histoire, n'aura pas la pusillanimité de répudier, et dont les utiles enseignements sont accessibles aux intelligences les plus humbles comme aux esprits les plus élevés.

Fraternité est un noble mot, consacré par l'acceptation universelle. J'oserais lui en préférer un autre plus général, plus compréhensif, plus exact, et qui embrasse, avec la fraternité sincère et complète, de touchants et purs sentiments, propres à la fortifier et à l'agrandir : ce mot est *Charité*. L'usage en rapetisse le sens lorsqu'il se borne à y voir l'assistance pour les misères, les secours pour les défaillances, l'aumône pour les indigents. Ce sont là d'admirables applications de la charité : ce n'est pas elle tout entière ; elle est aussi l'indulgence, la tolérance, le pardon ; elle est un trésor d'affections se répandant avec joie, sans demander ni attendre retour ou reconnaissance; elle est l'amour de Dieu et des hommes, l'amour des hommes en Dieu.

Ces trois grandes lois ont en elles-mêmes leur dignité et leur grandeur, mais ne sont vraies et puissantes que par leur indissoluble union. Isolées, elles égarent. Si la liberté se concentrait sur un nombre restreint de privilégiés, si elle ne se répand pas par l'égalité, elle enfantera un orgueilleux et méprisant despotisme; elle révoltera par sa dureté, si la charité ne l'adoucit pas. Le culte de l'égalité, si l'aspiration vers la liberté lui manque, ne promet ni hauteur à atteindre ni but idéal à poursuivre, et, sans la charité, amène aisément l'hostilité et l'envie. Otez au sentiment de fraternité l'espoir d'un avenir de liberté et la conscience d'une justice égale pour tous, il dégénère en caprice et faiblesse ou en déclamation.

Par l'accord de ces trois conditions de la loi, le droit reconnaît et comprend l'étendue et la mesure de son œuvre; par l'oubli ou l'affaiblissement d'une seule d'elles, il est dépouillé de ses titres et de sa puissance et ne règne plus sur les âmes. Toutes trois, obéies ensemble, sont l'expression et l'application des deux principes harmoniques et nécessaires de personnalité et de sociabilité, dont l'union est féconde en bienfaits, et qui pervertissent la volonté quand l'un des deux sacrifie et écrase l'autre.

4 Novembre 1873.

IV

DE L'IMPARTIALITÉ

ARMI les qualités exigées du magistrat, il n'en est pas de plus généralement respectée que l'impartialité : c'est d'elle que je vais vous entretenir. La pratique habituelle en est facile ; mais des occasions se rencontrent où, pour se reposer en elle, il faut unir à la fermeté d'âme une raison sûre d'elle-même et les clartés d'une intelligence exercée.

Il serait messéant de décorer du nom d'*impartialité* la probité qui ne sait pas se vendre. Trafiquer de sa conscience est un acte assez bas pour qu'il n'y ait nul mérite à n'en pas commettre le crime : c'est au Code pénal à compter avec ces souillures, et l'opinion n'a pas à en récompenser l'absence.

La cupidité a bien d'autres formes moins ouvertement déhontées et qui peuvent échapper aux appréhensions de la loi, mais infectées d'une pareille culpabilité morale. On a beau s'envelopper de brillants dehors, et, pour dissimuler à soi-même et aux autres ses égoïstes appétits, multiplier les artifices de raisonnement, on reste essentiellement méprisable quand on achète par le sacrifice du bon droit faveurs, honneurs, crédit, puissance. S'abstenir de ces turpitudes est honnêteté pure et ne mérite pas le nom d'impartialité. Rien assurément n'est plus digne de respect que la tendresse et le dévouement entre père et enfants, entre époux, entre frères ; que la fidélité envers ses amis : qui de vous cependant ne se sentirait pas offensé si on lui imputait la vanité de se tenir pour un héros parce que la pensée ne lui vient pas d'employer à la prospérité de sa famille et aux succès de ses enfants les complaisantes faiblesses d'une conscience sans scrupules?

L'impartialité est à plus haut prix : elle existe lorsqu'elle a eu de sérieux obstacles à vaincre pour rester maîtresse. Les obstacles peuvent se dresser puissants et redoutables, tels que ceux que les passions suscitent, sans pour cela être sérieux. Les seuls dignes de ce nom naissent des doutes raisonnables qui tiennent en problèmes le classement et la conciliation de nos devoirs d'ordres divers, et lorsqu'il faut de courageux efforts pour que des préventions plausibles et avouables désarment devant l'obéissance à la justice.

Prenons comme exemple l'esprit de corps. Il a ses préjugés et ses abus, mais on aurait tort d'en trop facilement dire du mal et de méconnaître en lui un lien puissant de commerce entre les hommes, un véhicule d'honneur, un énergique instrument de solidarité et de discipline. L'estimer et lui prêter secours est une règle sage ; mais on se trompe lorsque, lui laissant une trop large part, on le favorise en faisant plier l'équité.

L'esprit de parti (son nom même l'indique) est ennemi naturel de l'impartialité ; mais le bon sens n'a garde de le traiter avec mépris et de ne pas compter avec lui. Nulle société ne se développe sans que les opinions de ses membres aillent se divisant sur la religion, la philosophie, la politique, la littérature, les sciences, les arts; sans que des groupes distincts, adversaires ou alliés, s'agglomèrent et se décomposent; sans que les admirations, les approbations, les sévérités, les répugnances, les amours et les haines se coalissent ou se combattent. De là d'inévitables partis, dans lesquels, à des degrés divers, nous nous trouvons tous engagés, et dont nous souhaitons et devons souhaiter le succès: car, à moins de s'avouer absurde ou pervers, nul ne se fera faute de croire qu'il a choisi ou suivi le meilleur. Les consciences les plus scrupuleuses ont à s'applaudir, non à se défendre, de servir honorablement leur parti, de l'éclairer, de l'aimer.

Les tentations de l'esprit de parti sont aisément évitables quand elles aboutissent visiblement à l'injustice ou au mensonge; elles sont pleines de dangers, même pour les cœurs droits, lorsqu'elles prennent assez de crédit pour troubler la vue du devoir. Afin d'assurer le triomphe du parti que l'on croit être la bonne cause, on se persuade que tout est bon, et l'on cède aux séductions de ce sophisme coupable que la fin justifie les moyens. Faibles intelligences que nous sommes, que savons-nous de la fin? Nous ne l'entrevoyons qu'à travers les nuages de l'avenir, et nos plus savantes conjectures laissent immense la part de l'inconnu que, faute de le pouvoir définir, nous appelons le hasard. Quant aux moyens, la condition est différente; leur emploi, quand ils sont indignes, constitue une mauvaise action directe et actuelle; notre responsabilité ne peut s'en imposer la charge, alors même que nous serions sur ses résultats futurs en possession d'une certitude qui nous échappe. L'honnête et le sûr est de dire: « Fais ce que dois. »

Une des plus hautes vertus qui honorent l'humanité

est le patriotisme, et lui-même s'incline devant l'impartialité. Ses formes et sa portée ont subi des modifications profondes sous l'influence des changements que les sociétés ont traversés. Plus on remonte le cours des âges, plus il se montre exclusif et intolérant. L'étranger est l'ennemi, et son ingérence une profanation. Peu à peu les relations s'étendirent, et les conséquences de la loi de sociabilité allèrent agrandissant leurs conquêtes à mesure que se faisaient sentir les besoins d'une coopération plus étendue et plus active et d'un commerce productif et bienveillant. L'adoucissement des mœurs et le progrès des sciences devinrent tout à la fois des effets et des causes de l'avancement de civilisation.

Le patriotisme, en embrassant une plus vaste sphère, n'a rien perdu de sa puissance. La soumission au sentiment d'une justice plus générale ne l'a point affaibli : loin de là, il s'est affermi en s'élargissant.

Il n'est pas le terme extrême de la sympathie qui nous lie à nos semblables : une place est ouverte, encore au delà, à l'amour de l'humanité. Ces deux sentiments sacrés sont destinés à subsister ensemble; les barrières qui séparent les populations s'abaissent sans que toutes aient à tomber ; la pluralité des groupes nationaux reste indispensable à l'exercice de la vie publique comme au bien-être des individus.

Il est de l'essence des devoirs de ne jamais s'entre-détruire. L'ami du genre humain ne renonce pas plus à se dévouer pour son pays que le patriote à se sacrifier pour sa famille. Nos devoirs les plus stricts, ceux qui intéressent le plus intimement notre personnalité, et sont, ainsi qu'elle, spécialement confiés à notre garde, ne nous dispensent d'aucune des obligations que notre nature nous impose.

Les cœurs généreux se plaisent à céder aux attraits

du patriotisme, dont rien n'égale ni ne remplace le charme, et, parce qu'ils l'aiment, ils pardonnent beaucoup à ses exagérations et à ses écarts. Le tort qui n'admet pas d'excuse est l'oubli de la justice. On a singulièrement abusé de la maxime fameuse : « Le salut du peuple est la suprême loi », et on l'a trop souvent traduite en une permission d'iniquité. Non, la loi n'est pas là, et le salut pas plus qu'elle. Les nations se perdent quand elles se déshonorent ; elles se sauvent lorsqu'à l'énergie et à l'opportunité de leurs actes elles allient le culte du droit impartial envers tous, amis ou indifférents, rivaux ou ennemis, compatriotes ou étrangers. Un peuple ne trouve pas ailleurs sa dignité, son crédit, sa force, et, pour récompense actuelle ou tardive, les succès utiles et définitifs.

J'ai parlé jusqu'ici de l'empire que l'impartialité nous donne sur nous-mêmes en soumettant au respect du droit nos affections les plus légitimes. Le problème suprême de la vie humaine est de discerner où est le droit.

Il résume les devoirs que la conscience et la raison nous imposent en vue des rapports qui nous unissent à nos semblables : c'est le droit naturel ; il est l'assemblage des commandements formulés par les autorités instituées pour ériger en lois les obligations naissant de ces devoirs : c'est le droit positif, le droit écrit.

Le droit écrit n'est juste et vrai qu'à la condition de fidèlement traduire le droit naturel, supérieur aux lois, puisqu'il n'est pas comme elles l'œuvre des hommes, mais impuissant à gouverner. Il n'est pour les sociétés d'existence possible que guidées et protégées par l'expression de commandements revêtus de sanction extérieure et armés d'une force d'exécution directement obligatoire. La confusion serait inextricable, et l'autorité manquerait, si les interprétations du droit naturel et sa traduction en injonctions impératives étaient livrées aux lumières ou aux caprices des intelligences individuelles. Cet office est réservé à la loi, qui en est présumée le plus sûr organe. Chaque conscience, sans doute, reste libre d'apprécier les lois et de les admirer ou les blâmer; mais nul n'est dispensé de respecter leurs décisions, de soumettre à leurs déclarations authentiques les actes pratiques de la vie. On peut, on doit souvent provoquer le législateur à en opérer la réforme; la licence n'est jamais donnée de se soustraire à leur empire tant qu'elles durent, et de les abroger ou modifier à son gré et à son usage.

Les lois ne peuvent pas se tenir dans la sphère des théories : elles ont aussi à assurer le service d'une infinité de besoins sociaux essentiellement variables; elles sont tenues de se plier à des mœurs, des institutions, des traditions avec lesquelles il serait inutile et imprudent de rompre, surtout trop brusquement. Il n'est pas jusqu'à certains préjugés envers lesquels la conservation de la tranquillité publique ne les oblige à des ménagements : c'est par les satisfactions que réclament ces exigences locales et accidentelles qu'un cachet distinctif s'imprime sur les diverses législations nationales.

L'histoire du droit est occupée tout entière par des luttes entre l'antique autorité des formules sacramentelles et les infiltrations de l'équité conduisant les peuples avec lenteur, mais avec constance, vers des législations plus civilisatrices et plus douces. Je n'ose aborder ce vaste sujet d'études. Votre connaissance du droit romain vous explique cet antagonisme et ce progrès par l'exemple du droit prétorien luttant contre le droit quiritaire.

Le pouvoir législatif et le pouvoir judiciaire ont pour commune mission la recherche et la proclamation du droit. La séparation de leurs rôles, longtemps sans précision, est aujourd'hui bien comprise et nettement établie. La magistrature ne fait pas la loi, elle l'applique : aussi tombe-t-elle dans une grave erreur quand elle se laisse aller à rendre les décisions qu'on a l'habitude de désigner sous le nom de jugements d'équité.

Le tort est de substituer ainsi à la sincère interprétation de la loi l'art d'en éluder ou d'en détourner le sens en introduisant, sous l'influence de circonstances particulières, des exceptions qu'elle n'a pas prévues et des dérogations non autorisées par elle. De fort honnêtes cœurs s'imaginent faire en cela œuvre méritoire et croient assurer aux principes de droit naturel la suprématie en faisant prévaloir l'instinct de justice sur la domination de la loi écrite. Qu'ils réfléchissent : ils reconnaîtront que, par une audace dont eux-mêmes peut-être ne se doutent pas, ils ne vont à rien moins qu'à se faire plus prévoyants et plus sages que la loi en réformant à leur gré ce qu'ils considèrent, à tort ou à raison, comme ses erreurs ou ses lacunes. L'impartialité est atteinte par ces infractions. Un des dangers de tels exemples est que beaucoup de consciences, d'ailleurs scrupuleuses, ont l'inintelligence de ne pas s'en alarmer.

Réprimer ces usurpations est un des devoirs de la Cour de cassation, instituée juge des jugements et des arrêts, afin que les tribunaux, à tous leurs degrés hiérarchiques, soient retenus dans les limites de leur compétence : c'est une des voies par lesquelles vous venez en aide à l'unité de législation. Après de longs détours et de pénibles essais, à travers la perpétuelle renaissance de mille obstacles suscités par les événements et les hommes, la France a conquis cette unité désirable. Une de ses meilleures sanctions est l'uniformité d'une jurisprudence strictement obéissante à la loi, œuvre immense et ardue, travail de chaque jour. Personne plus que vous n'en mesure l'importance, car c'est à vous qu'il appartient d'y prendre la part principale, dont vous vous sentez responsable envers le pays.

L'identité de nature entre les hommes de tous les lieux et de tous les temps n'autorise pas le chimérique espoir d'une loi unitaire s'étendant sur l'universalité des peuples, problème aussi insoluble que celui qui consisterait à supprimer les nations pour les amalgamer en un seul État. Les faits opposeraient d'invincibles obstacles à une concentration si hardie, qui d'ailleurs supposerait la rupture d'une infinité de liens dont le monde ne saurait se passer. Ce qui appartient au domaine des possibilités désirables, c'est de voir, par le crédit croissant des principes fondamentaux, s'amoindrir les différences entre les législations des pays civilisés. Un progrès utile et glorieux serait de parvenir à déclarer et, s'il se peut, à organiser efficacement un droit international, organe de la paix, d'un libre commerce, de relations aisées et amicales. Félicitons-nous hautement des signes précurseurs auxquels il est permis de reconnaître que l'opinion des peuples et des gouvernements se préoccupe enfin de cette généreuse et praticable utopie. On ne musèlera pas le démon de la guerre ; on ne le soumettra pas au frein quand il aura été déchaîné ; on n'introduira pas des règles de droit dans cette négation sauvage du droit, de la justice, de la pitié. Si les congrès enfermaient leurs délibérations dans la recherche d'expédients pour cette régularisation impossible, ils se condamneraient à une œuvre stérile et perdue d'avance : leur rôle a une autre portée et peut répandre d'incalculables bienfaits, si c'est aux causes de haines et de guerres qu'ils s'attaquent ; s'ils avisent par des procédés équitables à prévenir les disputes, à trancher les différends, à repousser les agressions injustes, à punir les spoliations, les usurpations, les abus de la force ; s'ils enseignent aux populations combien elles gagnent aux concessions mutuelles, aux communications faciles, aux échanges de services, et à pousser la logique jusqu'au culte de la paix, dette du genre humain envers la religion et le bon sens.

Quand le droit s'affermit, s'étend, se généralise et épure les législations, l'obéissance aux lois positives, devenues plus fidèlement ses interprètes, acquiert facilité et crédit. L'impartialité a moins à lutter contre les scrupules que le sentiment de leurs erreurs suscite, et il cesse d'en coûter aux timorés comme aux timides pour contracter l'habitude de cette qualité salutaire, et pour se soumettre à elle comme à un instinct irrésistible armé de la puissance du devoir.

Bon nombre d'esprits superficiels font à l'impartialité l'injure de la confondre avec l'indifférence : elles ne se ressemblent qu'en ce que toutes deux se tiennent en dehors des partis ; mais, tandis que l'une ferme les yeux pour ne pas les voir, l'autre les regarde, les étudie, les connaît, et sait pourquoi et comment la justice plane au-dessus d'eux.

Chaque époque de la vie morale des peuples a ses maladies régnantes. Comme le phylloxera sur nos vignobles, l'indifférence étend ses froids ravages sur notre société et menace son avenir. Religion, croyances, opinions, mœurs, conduite privée et publique, elle tend à nous envahir tout entiers ; elle nous tuerait si nous ne savions pas nous défendre.

Les signes de cette atonie sont visibles, et la prétention de ne se passionner pour rien rencontre de faciles admirateurs. Je ne me sens ni le pouvoir ni la volonté de détourner de cette trop générale faiblesse votre attention et la mienne.

On se tromperait grandement si l'on imputait à nos récents désastres cet abandon de la vie politique. Le mal est plus ancien, et ses racines sont malheureusement trop profondes. Les revers qui nous ont accablés, l'abaissement de nos fortunes et de notre orgueil, le ralentissement de nos épargnes, le déchirement qui nous a arraché deux provinces aimées, ne sont pas des causes qui abattent et éteignent le patriotisme et les vertus civiques. Loin de là, ils les réchauffent et les ravivent. Les révolutions, les déplacements de pouvoirs, les changements de constitutions et de gouvernements, les inconstances d'opinion, la mobilité des lois, les misères des partis et leurs mesquines et incessantes querelles, les ambitions subalternes, les cupidités affamées d'argent et d'honneurs, les appétits sensuels, l'ignorance, le dédain des vertus religieuses et domestiques : voilà les fléaux qui nous pervertissent. Quand elles assistent au spectacle des attaques contre le travail, l'industrie, la propriété, contre les jouissances honnêtes et la paisible sécurité de la vie, les sociétés les moins soucieuses de gloire et d'honneur, le plus platement enfermées dans le culte de la matière, gémissent avec toute raison des sinistres résultats que ces écarts leur jettent ; elles devraient gémir mille fois plus du désordre d'idées qui les amène.

Troublée par ce désarroi, l'opinion publique s'agite sans savoir où elle va, et une fausse sagesse s'accrédite. Les doutes sur les faits, les désappointements sur leurs conséquences, les incertitudes sur l'avenir, ont ébranlé les croyances et miné les bases de la foi. Les cœurs refroidis s'arment alors d'insouciance ; l'esprit, paralysé par l'incapacité de conclure, dissimule à soi et aux autres son impuissance en l'érigeant en système ; il arbore le scepticisme, ressource commode pour s'éviter la peine de s'élever jusqu'à une conviction. L'orgueil se targue d'indifférence pour ne pas s'avouer découragé, et il n'affiche jamais plus haut la prétention de se conduire par raisonnement et volonté que lorsqu'il ne fait, en réalité, que s'abandonner à la paresse et se concentrer dans les brutales jouissances du présent, avec mépris de tout le reste.

L'homme n'a pas à végéter sur la terre sans utilité et sans lendemain. Une volonté libre et responsable lui a été donnée, afin que par ses déterminations et ses actes il exerce sur ses semblables une influence salutaire ou funeste, et soit l'artisan de la part essentielle et définitive de sa propre destinée. L'extension de sa domination sur le monde matériel est la plus visible manifestation extérieure de ses progrès collectifs et individuels. On dit souvent que cet accroissement de puissance alimente et grossit les tentations de l'égoïsme : c'est là une vérité qu'il faut admettre ; mais l'expérience permet d'ajouter que, pour le bonheur et le salut du monde, les armes contre l'égoïsme deviennent en même temps mieux trempées, et que l'activité, la curiosité, la solidarité, la dépendance réciproque, gagnent dans une proportion cent fois plus forte une direction plus sûre et une énergie plus efficace. Il n'est pas vrai que la prospérité matérielle augmente la somme de l'indifférence publique ; mais il reste vrai qu'elle favorise en trop de cas particuliers, surtout parmi les heureux du monde, la nonchalance morale qui s'enferme dans sa personnalité.

Cette abdication de soi, si l'habitude venait à s'en généraliser dans les mœurs d'un pays, lui ôterait toute dignité. Gardons-nous d'offrir le ridicule spectacle de citoyens se complaisant à revendiquer bruyamment leurs droits, et ne paraissant plus se douter, après les avoir conquis, que se soustraire à la responsabilité de leur exercice est lâcheté. Il est juste qu'un blâme sévère

atteigne ces molles et commodes capitulations de conscience qui s'effrayent d'avoir une opinion, et, faute de
savoir oser, désertent et s'abstiennent. Les cas sont
exceptionnels et rares où il est sage, soit pour servir
plus habilement sa cause, soit pour satisfaire à des
scrupules personnels, de se déterminer à ne rien résoudre. Il n'arrive guère que cette prudence soit autre
chose qu'un timide et imprévoyant calcul dicté par la
crainte de s'aventurer et se compromettre. Cette peur
de vouloir a toutefois une excuse, assez misérable, mais
honnêtement admissible : c'est d'être une confession
d'ignorance et d'impuissance à reconnaître ce qui est
vérité ou erreur.

Qu'est-ce que l'ignorance ? On en donne des défini-
tions incomplètes quand on s'arrête à ses dehors. Ne
pas lire et écrire, ne connaître géographie ni histoire,
parler mal sa langue et ne pas comprendre un mot d'un
idiome étranger, avoir l'esprit fermé aux sciences, aux
arts, aux lettres, ce sont là ses signes habituels. Son
caractère essentiel est quelque chose de plus : elle est,
avant tout, l'incapacité de discerner le bien et le mal,
le vrai et le faux, l'utile et le nuisible. La science par
excellence est celle de la vie. Beaucoup la possèdent,
bien que demeurés étrangers aux moyens ordinaires de
culture intellectuelle; ils l'ont acquise de l'expérience,
et méritent, en vérité, le nom d'ignorants moins que
tel savant à esprit faux, tel littérateur sans convictions
ni croyances.

L'ignorant complet est un être neutre, aux actes
duquel, œuvre d'un instinct sans règle et sans guide,
manque la responsabilité. Il est juste de lui beaucoup
pardonner, car il ne sait pas ce qu'il fait; mais il est
un fléau pour la société, que sa brutalité menace. C'est
un impérieux devoir de travailler à introduire quelques
rayons de lumière dans ce chaos inintelligent.

L'ignorance est coupable quand elle est volontaire et dès qu'on a le sentiment de la victoire qu'on aurait pu remporter sur elle. Le calme n'est pas possible pour la conscience du malheureux qui, descendant par sa faute à une infériorité où il était maître de ne pas tomber, condamne à la stérilité les aptitudes dont il avait été doué par la nature, et dont la perception obscure reste au fond de son cœur comme un continuel reproche. Cette ignorance volontaire a bien des degrés, car le sentiment des devoirs et l'estimation de leur valeur relative varient indéfiniment, suivant l'état mental des individus et leur situation sociale. Tel qui, à ses yeux et à ceux des autres, passe pour éclairé, tombe dans cette misère, entraîné dans l'indifférence par des déceptions, des dégoûts, des découragements, des mépris de soi-même, des négligences dans la poursuite du bien. Ce sont là des pertes d'âmes; c'est la coupable suppression de services et de forces qui se devaient à l'aisance générale et à la prospérité de la société.

Le devoir de détruire l'ignorance ne se concentre pas dans les efforts commandés aux individus sur eux-mêmes : il nous est imposé envers nos semblables, et chacun est strictement tenu de travailler, dans sa sphère, à y prendre part. Aucune excuse n'existe pour les parents qui négligent l'éducation de leurs enfants, pour les gouvernements qui s'abstiennent de multiplier les moyens d'instruction, pour les citoyens de tout rang et de toute classe qui, loin de prêter assistance à la propagation d'utiles vérités, empoisonnent l'opinion publique par le scandale de leurs actes ou par le cynisme de leurs paroles et de leurs écrits.

Voir, choisir, pratiquer le bien, reconnaître, rejeter, abhorrer le mal, voilà la suprême science, hors de laquelle les lumières de l'esprit ne seront que ténèbres ou lueurs trompeuses. Dans cette généreuse poursuite, l'instinct moral a une forte part, mais est loin de suffire : il faut que l'éducation l'éclaire, le guide et le fortifie.

L'ignorance isole de la société ceux qu'elle rend incapables d'en comprendre la fonction; elle ne voit pas la règle. L'indifférence est pire : c'est le cœur qu'elle isole; elle sait où est la règle et la traite comme n'existant pas.

Bien autre est l'impartialité; elle n'est ni froide, ni hautaine, ni aveugle, n'abdique aucune affection, n'est infidèle à aucune conviction acquise. Les hommes que leur modération de caractère et de conduite aide le mieux à en contracter l'habitude sont ceux dont l'intelligence sait comprendre les opinions autres que les leurs, et qui ne se défendent pas du désir d'expliquer les pensées d'autrui par des motifs plausibles et honnêtes plutôt que par des intentions perverses et des sentiments mauvais. Un peu de bonté ne nuit pas à la clairvoyance et conduit à la tolérance, intime alliée de la justice.

Il serait difficile de parler de l'impartialité sans dire quelques mots d'une qualité précieuse, son auxiliaire souvent nécessaire et toujours utile. C'est une vertu modeste, sans passion ni éclat, profitable à tous, secourable à soi et aux autres, mais qui passe inaperçue et dont la pratique est trop rare : cette vertu de laquelle, à ce moment même, je vous fournis une occasion de faire l'épreuve et de donner un exemple, est la patience.

De notables paroles, présentes à toutes les mémoires, en ont célébré les merveilles. Ainsi, l'on a dit : « Dieu est patient parce qu'il est éternel. — Le génie est la patience. — Patience et longueur de temps font plus que force ni que rage. » Mme de Sévigné a sur elle des mots charmants, bien qu'elle lui coûtât quelquefois.

« Rien, écrit-elle [1], ne finit que la patience, car on en trouve bien souvent le bout. »

Il est arrivé aussi qu'on en a largement médit. M. Littré, dans son savant dictionnaire, cite le poëte Théophile, qui finit à trente-six ans, en 1626, sa vie agitée. Il disait : « Patience est la vertu des sots; patience est la vertu des ânes. » Ces impertinences ont du vrai quelquefois.

Dans la vie judiciaire, sa place est considérable. Un grand magistrat, dont le nom est un des titres d'honneur de la Cour de cassation, et dont le vaste esprit remontait avec tant de sûreté aux bases philosophiques et historiques de nos lois et aux conditions d'une bonne justice, M. le premier président Portalis, aimait à nous redire cette édifiante parole de Pline le Jeune [2] : *Judicis patientia pars magna justitiæ est.* Ce qu'il conseillait ainsi, il le pratiquait. Son calme à l'audience donnait sécurité aux plaideurs. Dans nos délibérés (leur date est assez lointaine pour qu'il soit permis d'en parler sans manquer à leur secret réglementaire), il laissait plein développement aux opinions, et réservait habituellement la sienne pour la fin du débat, dont souvent la largeur de ses vues relevait la hauteur, alors que tout semblait épuisé. Quand, dans des occasions bien rares, quelques vivacités de discussion lui échappaient, il les regrettait bien vite, et nous donnait ainsi, sous une autre forme, une leçon de modération.

Le mérite de la patience du juge commence au moment où il considère sa conviction comme formée. Si alors encore, et jusqu'à la clôture officielle du débat, vous laissez accès aux contradictions et vous résignez à tout entendre, c'est pour vous-mêmes d'abord et

---

1. 12 février 1694.
2. *Plinii Epistolæ*, lib. VI, cap. II.

l'entier repos de vos consciences; c'est aussi par égard pour votre dignité extérieure, que des apparences de précipitation amoindriraient.

La patience est une qualité bonne ou mauvaise, selon l'emploi qu'on en fait; elle est force ou faiblesse; elle élève et soutient ou abaisse et énerve les courages; elle influe sur toutes les existences, humbles ou hautes, heureuses ou misérables. Permettez que je m'arrête quelques instants sur la place qu'elle tient dans la conduite politique des individus et des nations.

La sagesse mondaine n'épargne pas les railleries à l'optimisme qui croit au succès final de la vérité. Il est aisé de dresser un triste et long tableau des déceptions et des erreurs où notre nature nous entraîne ; l'histoire les raconte à chacune de ses pages, et le spectacle des sociétés présentes en porte témoignage. Il n'est pas besoin d'être philosophe ou prophète pour déclarer que toujours l'homme s'est trompé, que toujours il se trompera. Si l'on conclut de là que l'aspiration à devenir meilleur est une chimère, le problème social est résolu. Il y a folie à perdre son temps et à user ses efforts dans l'ambitieuse poursuite de la science et de la vertu. On pourra pardonner à la science, sous la condition qu'elle nous procurera des jouissances nouvelles; mais pourquoi la vertu? C'est un mot vide de sens, et il n'appartient qu'à l'intérêt de régner en maître. L'idéal d'une nation est de se faire conquérante et dominatrice. Contraints par sa force à rester ses agents d'exécution, les individus qui la composent ne seront pas citoyens, car on leur épargnera l'embarras de devoirs moraux envers la patrie. Jouir avec sécurité de la plus grande somme possible de biens matériels sera l'unique but raisonnable de leur existence. On comprend comment ce système tient la patience en médiocre estime, et ne voit en elle que résignation et soumission.

Dégageons-nous de ces sophismes ; reconnaissons que nous avons été créés libres pour nous élever vers le bien et pour lutter contre les obstacles qui nous en séparent. La vie est un combat : la patience qui s'y tient pour vaincue afin de se soustraire au danger ne mérite que le mépris ; elle a de la grandeur lorsque, sachant attendre parce qu'elle croit et espère, elle travaille et souffre pour le succès de sa cause sans devancer l'opportunité de l'action, et n'oublie pas que, si le Ciel nous aidera, c'est à la condition que nous nous serons aidés nous-mêmes.

La patience politique est souvent un devoir. Nul homme, si grande que soit sa puissance de volonté et de raison, ne peut régler sa conduite sur lui seul, sans acception des circonstances qui l'environnent. Savoir attendre est surtout nécessaire dans les temps de confusion et de scepticisme, où mettre quelque suite dans ses idées devient une qualité si rare qu'elle suffit pour assigner à ceux qui la possèdent l'honneur d'une place à part. Un beau rôle est réservé aux esprits impartiaux qui planent au-dessus des partis et de leurs débats irritants et stériles : c'est à eux qu'il appartient d'éclairer l'opinion publique et de lui enseigner combien il importe de réduire à leur mince valeur ces tumultueuses questions de personnes et d'intérêts matériels qui absorbent l'attention des foules, et où tant de vanités et de cupidités se précipitent, impuissantes à s'élever jusqu'aux prévoyances d'une ambition sachant ce qu'elle veut et ce qu'elle peut.

La patience n'est point encouragée par les caresses de l'opinion : elle est naturellement impopulaire, et les courtes sagesses ne lui épargnent pas les accusations de mollesse et même de lâcheté. Elle résiste à ces angoisses et les traverse sans peur, quand elle place ses espérances de victoire dans la constance de son amour pour le droit. L'abandon et le désaveu de ses principes sont une concession qu'on lui demanderait vainement, et elle ne s'informe pas, pour résister à une injustice, quelles chances sa fermeté pourra ouvrir; elle déteste les violences, les usurpations, les guerres, parce qu'elle tient à honneur et à conviction profonde de ne reconnaître, pour arriver au bien, au vrai, à la paix, que le chemin de la paix, du vrai, du bien.

La France est appelée à donner au monde un impartial et salutaire exemple de patience nationale.

Les malheurs qui ont accablé notre patrie n'expliquent que trop, sans les justifier, bien des irritations et des haines. Ne succombons pas aux tentations de notre orgueil blessé. De tels maux ne se réparent pas par des témérités agressives et des forfanteries.

L'unique remède, la vraie revanche digne de la France, réside dans la pratique ouverte et sincère du droit, inviolable envers tous, nationaux et étrangers, supérieur aux passions et aux intérêts, dignement proclamé et courageusement obéi, ne faisant appel qu'aux moyens légitimes pour recueillir nos ressources, rétablir et accroître nos forces, armer notre défense. C'est ainsi que le respect international s'établit, que l'estime se conquiert, que les alliances se cimentent, qu'une solidarité confiante déjoue les intempérances de l'ambition.

L'histoire de notre passé nous enseigne que l'espoir d'un éclatant avenir réparateur n'est point une illusion d'amour-propre. La France a traversé bien des crises plus désastreuses que la nôtre; elle s'en est relevée parce qu'elle n'a pas désespéré. Elle a l'expérience des résurrections.

Portez votre pensée sur la néfaste époque où l'Anglais était maître de nos villes et où Charles VII était roi de Bourges. Quel abaissement! quelle ruine! quelle chétive place à l'espérance! Les sentiments patriotiques qui fermentaient dans les cœurs s'incarnent dans une humble inspirée : la France se reconnaît dans Jeanne d'Arc ; elle se réveille, elle est sauvée.

Après les dévastations de la Ligue et les déchirements de la guerre civile, le pays, épuisé, semblait réduit à néant : le spirituel bon sens de Henri IV panse ses blessures et amène la prospérité par l'ordre et la tolérance.

Ces exemples abondent, et toute notre histoire les raconte. Le siècle présent a vu des jours glorieux prévaloir sur les épouvantes de la Terreur et les immoralités du Directoire ; nous avons assisté au renouvellement de nos institutions et aux développements de notre influence et de notre crédit après les invasions de 1814 et 1815, sévères expiations de nos fastueux appétits de guerre.

Plus on étudie ces successions si nombreuses et si diverses de revers et de succès, plus on se prend à espérer, et mieux on comprend la part de la patience dans la vertu politique, non de la patience oisive et contemplative, mais de celle qui travaille et agit, et qui attend des jours meilleurs en les préparant.

Osons compter sur la résurrection de la France ; mais sachons bien qu'elle n'adviendra qu'à la condition d'être devenue notre œuvre à tous. Les plus humbles d'entre nos citoyens doivent et peuvent l'aider de leur concours.

On aurait tort d'imaginer que l'acquittement de cette dette est placé à une hauteur inaccessible. Il y serait satisfait si chacun tendait vers le bien selon la mesure de ses lumières et de ses forces. Quel pays que celui où tous rempliraient leurs devoirs privés, où les familles seraient unies, les parents obéis et aimés, les enfants élevés avec bon sens et tendresse ; où l'on tiendrait en honneur la fidélité aux conventions et à la parole donnée, le respect des contrats, l'amour du travail, la sage administration des fortunes, l'esprit de prévoyance et d'épargne ! Chez une population ainsi douée, les vertus politiques, sans le culte et la pratique desquelles une nation n'est rien, naîtraient comme d'elles-mêmes, car les nobles qualités se soutiennent et s'appellent. Qu'une telle perfection soit une chimère, il serait déraisonnable de ne pas l'avouer ; mais ce qui est permis et commandé, c'est de marcher vers ce but enviable ; c'est de consacrer d'énergiques efforts à s'en rapprocher de quelques pas ; c'est de diriger vers lui le plus grand nombre possible de nos semblables. Supposez un pays d'élégance et de politesse : la richesse s'y étale dans les plaisirs ; le luxe y éblouit par son faste, les arts par leurs merveilles ; la littérature fascine et amuse. Mais ajoutez à ces hypothèses attrayantes une triste compensation : le persiflage et l'incrédulité ont désaccoutumé du respect ; les affections de famille, les délicatesses de probité, les scrupules de désintéressement, sont tombés en moquerie. Qu'un désastre survienne, croyez-vous que le brillant édifice résisterait au souffle de la tempête ?

Nos sociétés ne sont destinées ni à monter si haut ni à descendre aussi bas. Les hyperboliques peintures que nous venons de tracer représentent un seul côté de l'ensemble des faits que la réalité rassemble. Le bien et le mal se mêlent, et leur lutte continuera tant que durera ce monde. Tous ont à choisir leur place dans le combat ; tous y ont leur rôle, leurs actes à pratiquer, leur responsabilité à encourir, leurs comptes à rendre, depuis les individualités les plus chétives jusqu'aux êtres collectifs les plus puissants.

Dans les devoirs de cette œuvre universelle, la distribution des pouvoirs sociaux confie à la magistrature

une part considérable. A elle appartient de montrer
que la loi est vivante et souveraine. Le crédit qui, depuis l'établissement de votre Cour, s'est constamment
attaché à ses décisions, continuera, Messieurs, à faire
comprendre que votre mission est de conserver à la
France son renom de bonne justice, et d'enseigner à
aimer le droit en en facilitant l'obéissance par le
respect qu'imprime une intelligente et patiente impartialité.

3 Novembre 1874.

V

CONSIDÉRATIONS

L'HISTOIRE DE LA COUR DE CASSATION

A chaque retour de la solennité qui nous rassemble, votre compagnie mêle à ses prières pour une bonne justice le pénible compte des pertes qui l'ont frappée pendant l'année judiciaire qui se ferme. Ce tribut de douleur est lourd aujourd'hui ; bien longue est la liste des collègues dont tant de coups précipités viennent de nous séparer.

Parmi les tristesses au prix desquelles la vieillesse se paye, celle qui surpasse les autres en amertume est de voir autour de soi et avant soi disparaître de la vie tant de ceux avec qui l'on a vécu. A mesure que s'accumulent les quelques jours d'une longue existence, les adieux se multiplient et font plus clairement sentir qu'on est attendu ailleurs.

La Providence a voulu que je devinsse votre doyen et que je visse se renouveler plusieurs fois le personnel de notre Cour. J'ai souvent admiré comment, malgré la rapidité des vides qui se font au milieu d'elle et les variations des pouvoirs politiques chargés du choix de ses membres, elle est constamment restée la même et n'a pas cessé de se ressembler. Cette persistance mérite d'être remarquée. Je vais essayer d'indiquer quelques-unes de ses causes, qui peuvent être ramenées à deux ordres d'idées : aux conditions organiques de notre institution, à la nature de nos travaux.

L'histoire de la Cour réside principalement dans ses arrêts, dont la pleine connaissance est livrée au public par les recueils où ils sont savamment rassemblés; elle n'est pas là tout entière, et il est nécessaire, pour la bien comprendre, d'y joindre l'étude de nos règlements et des modifications successives que notre organisations a subies. Nos obligations ne se bornent pas là, et c'est pour nous comme un devoir de famille de pénétrer, autant que nous le pourrons, dans l'intimité des magistrats qui nous ont appartenu, et de ne pas laisser l'ingratitude de l'oubli s'étendre sur tant de services par eux rendus à la science et aux affaires, aux idées et aux intérêts, et sur l'estime due à bien des vertus privées et publiques, quelquefois éclatantes, et plus habituellement modestes et ignorées. Les noms illustres et vénérés qui seront à jamais la gloire de la Cour ne sont pas les seuls dont elle ait à garder la mémoire.

Votre parquet a complété l'établissement des registres de votre personnel, où sont consignés, dans l'ordre de leur réception, les noms de tous les magistrats qui ont fait partie de la Cour, avec l'indication des phases principales de leur carrière. Des dossiers individuels, dont chacun portera le numéro correspondant à celui du registre, rassembleront les pièces de diverse nature se référant au magistrat désigné, et cette collection deviendra le développement et le commentaire du répertoire général. Que de notices dues à la piété des familles, que de témoignages d'amis et de contemporains, que de curieux écrits fugitifs et périssables se dispersent et s'anéantissent ! Leur réunion leur donnera la durée et les fortifiera les uns par les autres.

Vous aimerez tous à enrichir par le tribut de vos recherches particulières ces archives de notre famille judiciaire. Ce pourra être là, par votre concours, une de ces œuvres dont les commencements sont modestes et inaperçus, et qui acquièrent une réelle importance par la persévérance et le temps.

Une des destinations de votre bibliothèque est de rassembler les ouvrages publiés par des magistrats vous ayant appartenu. Un chapitre spécial, consacré dans votre catalogue à ces indications, peut devenir comme le résumé d'une part considérable de votre histoire. On admirera, en le parcourant, la variété et la richesse de tant de travaux consacrés au droit, à l'histoire, à la littérature sérieuse ou légère ; on verra qu'une grande jurisprudence peut sortir de la collaboration d'esprits aux tendances et aux préparations les plus diverses. Merlin et Henrion de Pansey n'ont rien perdu à délibérer sur les arrêts avec leur ami Brillat-Savarin. Bien des noms demeurés ou devenus obscurs s'illuminent par leur solidarité avec des collègues dont la gloire a jeté un durable éclat.

L'époque à laquelle le Tribunal de cassation a été fondé laissait peu d'accès aux précautions à prendre contre la fréquence des changements de personnes. On était dominé par la crainte de voir l'institution nouvelle trop ressembler aux parlements, qui avaient dû, pour une grande part, à la stabilité de leurs membres une influence dont beaucoup de rancunes et de défiances redoutaient le retour. Une autre considération, à la fois plus précise et plus énergique, agissait sur les esprits ;

aucune puissance n'était alors capable de résister au courant qui entraînait l'opinion vers les systèmes d'élection populaire, et de là vers l'adoption des mandats à durée limitée, qui en sont une conséquence.

La mobilité du personnel devint une des conditions organiques imposées à l'institution qu'on créait; elle était un des résultats de la loi première qui faisait élire pour quatre ans, par les assemblées électorales des départements, les juges et les suppléants. Elle s'accrut singulièrement par les modifications incessantes apportées à cette loi et par le pouvoir de nomination que la Convention et le Directoire s'arrogèrent. J'ai donné, dans un Mémoire publié il y a quinze ans, un tableau de la composition personnelle du Tribunal de cassation jusqu'à la Constitution de l'an VIII. Il y est constaté que, pendant les neuf années de cette première période de votre existence, il a été procédé à 160 installations de juges et à 24 de magistrats du parquet.

Sur les 160 nominations de juges, la Convention en a fait 12, dont une n'a pas été acceptée, et le Directoire 41. De plus, tandis qu'en exécution de la loi de 1790 le mandat électoral avait été donné pour quatre ans, il y a eu, sur les magistrats de cette origine ayant pris siége, 29 qui, en vertu de prorogations prononcées par le pouvoir exécutif, ont continué à siéger, et 2 qui ont pris siége après épuisement du mandat que l'élection leur avait conféré.

Ainsi, plus de la moitié des installations qui ont reçu effet, 83 sur 160, sont résultées ou de nominations faites, ou de prorogations décrétées par infraction au système électif, qui était censé la loi de l'institution.

Sous la constitution consulaire, un acte du Sénat du 18 germinal an VIII (8 avril 1800) nomma les 48 juges qui devaient alors composer le Tribunal. 14 en faisaient actuellement partie comme juges et 2 comme substituts; 13 avaient siégé comme juges, mais leurs fonctions avaient cessé; les 19 autres n'avaient point encore appartenu au Tribunal. De 1800 à 1815, 18 nominations furent faites par le Sénat.

La Charte constitutionnelle de 1814 porta, dans ses articles 57 et 58, les dispositions suivantes, reproduites dans les mêmes termes par les articles 48 et 49 de la Charte de 1830 : « Toute justice émane du roi; elle s'administre en son nom par des juges qu'il nomme et institue. Les juges nommés par le roi sont inamovibles. »

L'ordonnance royale du 15 février 1815 déclara commencer l'institution générale des juges par la Cour de cassation. Il est dit en son article 1er : « La Cour de cassation restera telle qu'elle est, réduite au nombre de 49 membres, y compris un premier président et trois présidents. Le parquet restera composé d'un procureur général et six avocats généraux. »

On lit dans le préambule : « Cette Cour, qui a déjà rendu de grands services, les continuera avec un nouveau zèle quand nous aurons définitivement réglé sa composition, quand chacun de ses membres tiendra de nous des pouvoirs dont notre institution aura assuré l'irrévocabilité, et qu'aucun d'eux ne sera plus distrait de ses importants travaux par des inquiétudes sur son avenir. La même sécurité passera de la Cour de cassation aux autres cours et tribunaux de notre royaume, parce que le très-petit nombre de changements que nous aurons faits dans les personnes rassurera tous ceux qui pouvaient en craindre, et, devenant comme le type des changements qui nous resteront à faire, suffira presque pour les produire. »

Ce langage annonçait des destitutions. La liste des institués comprenait 37 noms de membres actuels de la Cour. Il était fait neuf nominations nouvelles, à la tête desquelles se plaçait celle du premier président, Desèze.

Les Cent-Jours survinrent, et les nominations nouvelles furent annulées. Elles reprirent leur effet avec le rétablissement de la royauté.

L'inamovibilité judiciaire a résisté aux attaques qui furent passagèrement essayées contre elle en 1848. Je n'ose pas me demander si une atteinte réelle lui a été portée par le décret présidentiel du 1er mars 1852, établissant la limite d'âge. Ce décret a force de loi : ce n'est pas devant la Cour de cassation qu'il siérait d'examiner s'il y a place à des doutes sur l'utilité d'une loi encore existante.

Voici le chiffre des nominations faites à la Cour de cassation postérieurement à l'ordonnance de 1815 :

4 premiers présidents ;

22 présidents de chambre (14 avaient été conseillers, 3 avocats généraux ; 5 ont été choisis en dehors de la Cour) ;

211 conseillers (j'ai été le 72e ; votre doyen actuel, M. le conseiller Nachet, est le 110e ; 33 ont été choisis parmi vos avocats généraux) ;

5 procureurs généraux ;

63 avocats généraux (9 ont été premiers avocats généraux).

Je me borne à la sécheresse de ces chiffres. Le plus bel éloge à faire de la Cour serait de lire la liste des noms auxquels ils se rapportent, et j'ai peine à me taire sur tant de souvenirs de vénération, d'admiration, d'amitié. Si je cédais à la tentation de vous en rappeler quelques-uns, j'excéderais trop les limites nécessaires d'un simple discours.

L'Assemblée constituante, lorsqu'elle a décrété,

en 1790, qu'un Tribunal de cassation, unique et sédentaire, siégerait auprès du Corps législatif, a eu la volonté de sanctionner et de maintenir, par l'uniformité imprimée à la jurisprudence, et sans laisser le pouvoir judiciaire sortir de son domaine, l'unité de législation si longtemps rêvée pour la France. L'idée n'était pas nouvelle, et sa réalisation était souhaitée par les plus prévoyants hommes d'État et les amis de la science; mais les essais tentés plusieurs fois et sous plusieurs formes avaient échoué devant les conflits d'attributions et la difficulté de limites précises entre les pouvoirs divers alors en possession de rendre la justice.

Le Tribunal que l'on créait héritait des fonctions dont le conseil des parties, ou conseil privé, se trouvait investi; mais il recueillait cette succession sous la condition de modifications essentielles, notamment en ce qui concerne la distinction du fait et du droit et l'indépendance de juridiction. Il remplaçait le conseil des parties, il ne le continuait pas; il prenait à la tête de la magistrature française la place que les parlements y avaient glorieusement occupée, mais il savait n'être point appelé à faire revivre en lui les parlements. Cette prétention aurait tendu à agrandir ses apparences extérieures de puissance, mais aurait, en réalité, amoindri l'utilité de son rôle; elle n'a point été la sienne, et ses successeurs ne s'en sont, à aucune époque, donné le tort. Il ne se posa point en rival ou en tuteur de l'autorité régnante, et n'aspira pas à la vaine satisfaction d'en critiquer et contrarier les actes ou même les caprices. Rien ne le conviait à s'envelopper dans le respecté et vague prestige de traditions mal définies, à blâmer les lois en les enregistrant, à protester contre des injonctions souveraines auxquelles il se soumettrait en les combattant; il n'avait pas de priviléges à revendiquer, de cérémonial à protéger, de places à distribuer, d'immixtions administratives ou de police à perpétuer ou à introduire, de popularité à conquérir pour sa glorification ou sa défense.

Le Tribunal a compris, dès son installation, que le respect sincère du principe de la séparation des pouvoirs faisait sa légitimité et sa force, et était destiné, tout en le distinguant du passé, à devenir un sûr fondement de son autorité et de son crédit. Il s'agissait pour lui, comme il s'agit pour vous, non de faire montre d'influence dominatrice, mais de maintenir avec une fermeté indépendante l'ordre judiciaire de notre pays, à tous ses degrés hiérarchiques, dans les liens d'une soumission intelligente à la loi, et d'éclairer par les enseignements d'une jurisprudence attentivement motivée la connaissance et la propagation du droit.

L'honneur du Tribunal de cassation sera d'avoir, dès ses premiers actes, satisfait à une telle tâche au milieu des obstacles que les circonstances apportaient à son accomplissement. Le régime ancien s'écroulait, et un double devoir s'imposait à la magistrature : elle était appelée à prêter un concours sincère à la construction de profondes innovations législatives; il lui fallait en même temps retenir l'opinion publique et les lois sous l'obéissance aux éternels principes, sources du droit, et sauver dans ses parties essentielles et vitales l'héritage que la sagesse des siècles et la science des jurisconsultes avaient amassé. Les difficultés doctrinales d'une telle œuvre étaient immenses, et l'on vivait dans des temps qui rendaient ses applications pratiques et journalières plus difficiles encore.

Une fatale période d'épouvante et de démence n'avait pas tardé à suivre les jours d'exaltation patriotique pendant lesquels le Tribunal avait été inauguré. Les passions déchaînées ne l'épargnèrent pas plus que les autres classes de la société. Gensonné monta sur l'échafaud avec les Girondins, Hérault de Séchelles et Delacroix avec Danton et Camille Desmoulins, Thouret et Chapelier avec Malesherbes. Le Tribunal n'interrompit pas ses audiences ; il donna un de ces exemples de courage civil dont la gratitude nationale doit conserver le souvenir.

Plusieurs de nos registres subsistent et ont échappé à l'humiliante répétition de la Terreur qui en a tant livré aux flammes en 1871. Un de ceux qui nous restent contient le témoignage de cet impassible accomplissement du devoir. Permettez-moi de reproduire devant vous la courte citation que j'en ai faite ailleurs. De tels actes honorent trop l'histoire de la magistrature pour qu'on n'aime pas à saisir les occasions d'en reproduire la trace.

« Le 25 brumaire an II (15 novembre 1793), Thouret présidait une des sections du Tribunal, honneur électif que la confiance de ses collègues était accoutumée à lui conférer, et qui venait d'être renouvelé pour lui quelques jours auparavant. Le 26, il était mis en arrestation par ordre du Comité de sûreté générale. On lit sur les registres du Tribunal, à la date du 22 frimaire, une délibération où il est dit que « le citoyen Thouret a fait le rapport de sept pro-
« cès civils aux audiences des 17, 18, 19 et 24
« dudit mois de brumaire, dont la majeure partie des
« dispositifs ont été par lui faits, signés et remis au
« greffe, mais n'ont point été transcrits par lui sur les
« minutes desdits jugements, ainsi qu'il est d'usage,
« parce que les minutes n'étaient pas faites, et qu'enfin
« plusieurs minutes de jugements étaient à signer par
« lui comme ayant présidé aux audiences où ils ont
« été rendus. Le Tribunal commet, pour la signature

« de ses travaux interrompus, Lions, doyen d'âge de
« la section criminelle, ou le plus ancien après lui pour
« les audiences où celui-ci aurait pu être absent ». A
la page suivante du même registre, une délibération
pareille, prise le 26 frimaire, commet Lecointe, doyen
d'âge de la section civile, pour signer à la place d'Em‑
mery, président élu, qui avait présidé les 17, 18 et 19,
et qui venait d'être mis en arrestation. » Emmery est
mort en 1823, à 81 ans, pair de France.

On ne peut se défendre d'une émotion profonde au
spectacle de ces hommes du devoir, calmes et oublieux
d'eux-mêmes quand les cris de mort retentissent, et
continuant à faire leurs rapports, à rendre leurs arrêts,
jusqu'à l'heure où les bourreaux, qu'ils attendaient,
mettent la main sur eux. Les survivants savent qu'un
sort pareil leur est peut-être réservé : ils poursuivent
sans interruption le cours ordinaire de leurs travaux et
de leurs audiences. Les dépositaires du dernier mot
de la justice ne veulent pas qu'elle se taise là où sa
voix pourra encore être entendue.

Cette simplicité dans l'héroïsme n'était pas le der‑
nier exemple que votre compagnie était destinée à
donner : le président Bonjean a été digne du président
Thouret.

La prévoyante sagesse de vos fondateurs, dans sa
volonté d'asseoir sur une ferme base l'utilité de vos
services, ne s'est pas bornée à vous interdire le do‑
maine politique, ses tentations passionnées et ses
mobiles fluctuations : elle a porté plus loin ses précau‑
tions, et, en vous investissant d'une large participation
au pouvoir judiciaire, elle ne vous l'a pas ouvert tout
entier. Constitués juges du droit, non du fait, des
jugements et arrêts, non des procès, la connaissance
du fond des affaires ne vous appartient pas. Cette limi‑
tation est une des principales causes auxquelles votre

compagnie est redevable de son unité d'existence et de la conservation constante de son caractère originel. On se méprendrait étrangement si l'on supposait qu'elle vous isole des faits et vous tient dans leur ignorance. Une telle condition serait déraisonnable, et contraire à la vraie notion de la justice, qui a pour objet nécessaire l'appréciation exacte et régulière de faits déterminés. La justice est essentiellement concrète, et on la définirait fort mal en disant qu'elle est le droit : car elle n'est point une théorie, une science, un principe ; elle est la vérité dans l'application du droit, sa réalisation vivante, sa conséquence pratique ; elle suppose et exige deux opérations de l'esprit qui sont parfaitement distinctes, mais dont le concours est indispensable : l'une consiste à savoir quels sont les faits, l'autre à déclarer ce qu'ils valent dans leurs rapports avec le droit et la loi. La seconde vous est dévolue dans sa plénitude et marque votre domaine ; la première aussi vous est nécessaire, mais est limitée pour vous par une restriction : l'obligation vous est imposée de tenir, sauf en certains cas spéciaux et exceptionnels, les faits comme connus par vous tels que d'autres les auront régulièrement constatés dans les décisions à vous déférées.

Cet aménagement dans l'ordre des preuves imprime à votre juridiction son caractère particulier, et, en l'affranchissant des distractions inévitables que les influences extérieures entraînent, la dégage d'une infinité de questions accessoires et secondaires pour vous placer directement en la seule présence de la loi. L'utilité sociale y trouve son compte, parce qu'il importe de ne pas éterniser les contestations et de considérer, à une certaine phase des procédures, l'instruction sur les faits comme épuisée. Ils se trouveront soumis à une vérification nouvelle quand vous aurez prononcé une cassation.

Votre pouvoir, ainsi limité sur les faits, l'est aussi sur les solutions de droit. Vos rejets sont définitifs; vos cassations ne le sont pas. Les parties intéressées demeurent maîtresses de tenter l'épreuve d'une discussion nouvelle; la Cour ou le Tribunal que votre renvoi a saisis ont pleine liberté de ne pas se ranger à votre opinion et de donner la préférence à celle que vous avez improuvée. La règle qui vous interdit la connaissance du fond des affaires exige, si vous prononcez une cassation itérative, que vous l'accompagniez d'un nouveau renvoi. Les conséquences du second arrêt rendu par vous dans le même sens que le premier, dans la même affaire et sur la même question, ont été, dans la législation, l'objet de beaucoup d'hésitations et de changements jusqu'au sage établissement de l'ordre actuel par la loi de 1837.

La contrariété des arrêts démontre que le sens de la loi à appliquer présente assez de doutes pour diviser des esprits raisonnables : de là on a longtemps conclu qu'une interprétation législative était nécessaire avant que le jugement définitif intervînt. Plusieurs systèmes furent successivement tentés, tous bientôt reconnus défectueux. Un vice capital leur était commun : la violation du principe de la séparation des pouvoirs. L'immixtion d'une interprétation législative déclarée avant le jugement du procès et en déterminant la décision usurpait sur la compétence de l'autorité judiciaire, puisqu'à celle-ci doit être dévolue, dans sa plénitude, la charge d'appliquer la loi telle qu'elle a existé au moment où les faits du procès se sont accomplis. Il était d'ailleurs moralement impossible que le législateur s'enfermât strictement dans le rôle interprétatif et s'abstînt de considérer ce que, à son avis, la loi aurait dû être, plutôt que ce qu'elle était réellement. Un autre grave inconvénient a été révélé par la pratique :

il est maintes fois advenu que les circonstances ont empêché ou retardé le vote et même la présentation des lois interprétatives dont l'absence ou l'atermoiement tenait indéfiniment les procès en suspens.

La première des lois qui se succédèrent à ce sujet fut celle du 27 novembre 1790. Après deux cassations dans la même affaire, elle exigeait, pour le jugement du troisième pourvoi, l'interprétation par le législateur. La Constitution de l'an III plaça après une première cassation, et pour le jugement du second pourvoi, sur lequel, depuis l'an VIII, il fut statué par les Chambres réunies, la nécessité d'interprétation. La loi du 16 septembre 1807 en reporta l'époque après la seconde cassation. Cette même loi, par une innovation fort grave, en harmonie avec le système alors régnant, ôta au Corps législatif l'interprétation et la transféra à un règlement d'administration publique. En même temps, par une sorte d'invitation à la déférence envers le Conseil d'État, la Cour de cassation fut autorisée à demander l'interprétation avant de rendre son second arrêt.

La loi du 30 juillet 1828 a eu le mérite de reconnaître à la seule autorité judiciaire le pouvoir de juger. Il fallait qu'un dernier mot tranchât souverainement le litige ; elle l'attribua à la Cour royale ou au Tribunal saisi par le renvoi, conséquence de la seconde cassation.

C'est à vous que la loi, aujourd'hui en vigueur, du 1er avril 1837, a donné ce dernier mot. Votre arrêt solennel de seconde cassation devient la loi du procès ; la Cour ou le Tribunal de dernier renvoi est tenu de se conformer à sa solution. Quant à une interprétation authentique, elle a cessé d'être exigée ; le législateur avisera s'il considère comme opportune une disposition ou plus claire ou nouvelle.

Ce système, qui permet de voir en vous la Cour suprême, est conforme de tous points aux conditions fondamentales de votre institution ; il respecte et consacre le principe de la séparation des pouvoirs ; il n'imprime une autorité souveraine à vos arrêts solennels que pour l'affaire particulière sur laquelle ils statuent, et retient ainsi votre compétence dans les limites de chaque procès engagé.

Vous avoir ainsi constitués juges de vos propres arrêts et des contradictions qu'ils soulèvent est le plus sérieux hommage qui pouvait être rendu à votre sévérité de conscience et à votre amour de la vérité. L'expérience a justifié cette confiance. La liberté, qui partout et toujours est la plus sérieuse des garanties et la plus solide base des convictions de la raison, a régné sans obstacle dans les discussions qui précèdent, accompagnent et suivent vos décisions ; elle les a éclairées de sa lumière. Vous avez su à propos résister ou céder, et allier, sans entêtement ni faiblesse, le respect des traditions et la crainte des innovations téméraires avec le dédain des engagements d'amour-propre et des aveuglements du parti pris.

Pendant les trente-huit années qui se sont écoulées depuis la loi de 1837, vos chambres réunies ont rendu 252 arrêts. Par 59 rejets vous avez acquiescé aux contradictions élevées contre vos décisions premières, que vous avez confirmées par 193 cassations. On compte, en matière civile, 94 arrêts, 23 rejets, 71 cassations ; et, en matière criminelle, 158 arrêts, 36 rejets, 122 cassations.

L'opinion publique, dans le crédit qu'elle accorde aux enseignements de votre jurisprudence, vous tient compte de la gravité des devoirs que vous avez à remplir et qui sont de plusieurs ordres.

Vos fonctions réclament la connaissance de la loi et

l'intelligence de ses textes, son exacte interprétation littérale et dogmatique, l'étude de ses sources historiques, de ses variations successives dans les temps antiques et modernes, en notre pays et à l'étranger. C'est la part de la science.

A elle seule la science ne suffit pas ; il vous faut aller au delà des textes et entrer dans la possession du droit, raison et maître de la loi : c'est lui qui la dicte et l'autorise, proclame et enseigne les motifs de son empire, protége les individus et les honore, se voue au service de l'utilité générale et de la moralité publique. C'est la part de la philosophie.

Une autre grande part de votre dette est le sentiment intime de la justice et de la responsabilité morale qu'elle impose à notre raison ; il réside dans la consciencieuse et sagace application du droit et de la loi aux faits régulièrement constatés.

Avant de vous rappeler combien les collègues que nous avons perdus cette année ont été fidèles à ce triple devoir et aux exemples de leurs devanciers, permettez-moi quelques mots encore : je ne voudrais pas omettre une tradition que vous aimez, que vous suivez et qui vient en aide à vos travaux.

Une bonne fortune de votre compagnie est l'amicale harmonie qui s'est toujours conservée entre ses membres. L'union, facile pour nous, était plus méritoire chez nos premiers prédécesseurs. Les divergences d'opinions religieuses, politiques, philosophiques, difficilement évitables même dans les temps réguliers, semblaient devoir, en ces jours de fièvre et de colère, créer des séparations infranchissables entre ces magistrats, à antécédents fort divers, appelés de tous les points du territoire pour remplir dans la capitale agitée des fonctions d'assez courte durée. Il est notoire cependant que des liaisons étroites, des amitiés fortes et durables, dont les témoignages abondent, ne tardèrent pas à se former. Ces sincères coopérateurs à une grande œuvre commune sentirent combien les malheurs publics ajoutent de prix aux relations affectueuses et sûres ; ils s'encourageaient mutuellement à demander leur paix au travail, ce puissant consolateur qui réconforte les âmes.

Des révolutions ont passé sur notre pays ; il a vu des gouvernements naître et mourir ; les variables mouvements qui emportent l'opinion générale, comme malgré elle, au delà et en dehors de ses propres prévisions, ont maintes fois changé de direction ; les influences les plus diverses ont dicté les choix dans la magistrature : votre compagnie est restée unie.

Rendons grâces à nos travaux, de la nature desquels c'est là un des bienfaits. La science du droit, vue de haut, ne se concentre pas dans la recherche et la solution des difficultés de détail, aliment ordinaire des controverses ; elle trouve son attrait, comme sa grandeur, dans l'intimité de son alliance avec les principes fondamentaux de la morale, en lesquels se résume le but suprême de notre destinée. Ils ne sont ni très-nombreux ni d'un abord difficile, et dans leur atmosphère l'intelligence respire librement. Mêlés à tous les accidents de notre vie, ils se lisent déjà dans les premières affections instinctives de la famille, et se développent à mesure que s'étend notre commerce avec les êtres qui nous entourent ; ils annoncent progressivement à toutes les consciences, si peu éclairées qu'elles soient, que la sécurité des personnes, la paix du foyer, l'assistance mutuelle, la fidélité aux conventions, les exploitations de la propriété et le bon ordre de ses transmissions, l'obéissance à des règles authentiquement proclamées et généralement consenties, sont aussi nécessaires au bien-être des individus qu'à l'in-

térêt général. Voilà le but du droit, de ses théories les
plus ardues comme de ses plus humbles pratiques
journalières.

La nécessité quotidienne de s'entretenir de ces problèmes et de se concerter sur leurs solutions acceptables
bles est un terrain sur lequel on profite à se rencon-
trer. La continuité de délibérations sur des questions
d'un tel ordre ouvre le fond des cœurs et fait apparaître à soi et aux autres les préférences morales sur
l'appui desquelles chaque conviction prend l'habitude
de se former.

Les invitations à l'intimité naissent d'un tel commerce entre des hommes qui ont voué leur vie à mé-
diter sur elles. Comment cette influence ne s'exerce-
rait-elle pas sur des magistrats que leurs services ont
portés au sommet de la carrière judiciaire? Ils n'ont
pas à se laisser décevoir par des préoccupations étrangères à leurs devoirs; l'ambition, s'ils avaient le malheur d'y être accessibles, rencontrerait difficilement
des aliments pour se satisfaire; l'absence des prétentions personnelles leur épargne le chagrin des espérances déçues et des rivalités irritantes; la politesse
des relations, l'estime mutuelle, la solidarité dans la
poursuite d'un but et d'un honneur communs, effacent
bien vite la trace des disparates qui auraient d'abord
pu naître de leur diversité d'origine et des différences
naturelles ou acquises entre leurs aptitudes et leurs
caractères.

Félicitons-nous de ce traditionnel esprit de concorde : c'est un héritage bon à recueillir et bon à
transmettre.

3 Novembre 1875.

VI

DES PROGRÈS DU DROIT

Dans les méditations auxquelles vous êtes appelés par vos devoirs comme gardiens de
la loi et régulateurs de la jurisprudence, il
n'est aucun de vous qui n'ait eu souvent à se demander où en est la science du droit, si le cours du temps
l'améliore, si son présent vaut son passé, si des progrès sont promis à son avenir. Votre impartiale habitude de vous élever à la généralité des principes place
pour vous cette recherche à l'abri des passions régnantes et au-dessus des agitations passagères de l'opinion.

Le problème est complexe : la plupart des questions
en lesquelles il se subdivise reçoivent de l'histoire une
réponse habituellement facile ; plusieurs peuvent paraître incertaines.

Chaque jour qui s'ajoute à la vie du genre humain
modifie les rapports entre ses membres.

Le droit, chargé de définir et de régler ces rapports,
ne demeure donc pas stationnaire ; l'intérêt est grand

19

de constater s'il gagne ou s'il perd à ces changements que l'incessante variabilité des faits et des intelligences rend inévitables.

Bien des esprits, parmi même les plus sincères et les meilleurs, se prennent de découragement au douloureux spectacle des misères de l'humanité. Attristés par les fautes et les chutes de notre faillibilité, ils ne présagent aucune chance durable d'apaisement aux désordres des passions, à la tyrannie des appétits sensuels, à l'incurabilité de l'égoïsme : ils sont pessimistes. D'autres font plus large part à l'espérance et aux instincts honnêtes et généreux ; ils travaillent avec confiance à traduire en applications pratiques les conseils de la raison, les lumières de la science, les rêves des penseurs sur une diminution graduelle de l'ignorance, sur une intelligence plus claire des devoirs privés et des besoins sociaux, sur une possession moins imparfaite de la vérité : ils sont optimistes.

Les uns et les autres sont exposés à se tromper souvent, surtout lorsqu'ils érigent leurs inclinations en systèmes. Presque tous, le sachant ou non, nous suivons l'une de ces pentes ; l'ensemble de nos opinions se forme en cédant à celle des deux tendances vers laquelle nous nous trouvons poussés par notre nature, plus encore que par l'éducation et l'expérience.

On ne plaint pas assez les pessimistes et l'amer plaisir qu'ils se donnent à assombrir leurs pensées. Quant aux optimistes, on s'en moque volontiers, et beaucoup d'ironie se dépense à les railler. Où plus d'esprit que dans *Candide* ? Aisément attaquables quand on s'enferme dans des faits particuliers et dans les événements à courte échéance, ils ont leur revanche quand on contemple de loin et de haut les vicissitudes générales des destinées humaines.

Pour mon compte, j'ai toujours aimé à penser qu'à

trop croire au bien le risque est moindre qu'à trop croire au mal, et je n'ai garde de me défendre d'un penchant vers l'optimisme dont j'aurais regret d'être guéri. Votre indulgence m'excusera de n'y pas résister dans les quelques réflexions que je vais vous soumettre concernant le progrès humain vers le droit, sujet qu'on ne saurait envisager sous trop d'aspects devant des auditeurs tels que vous.

A chaque parcelle du temps qui s'écoule, tout être humain, individuel ou collectif, est modifié. L'individu change, puisqu'il vit et se meut; il est une volonté, une force, exerçant sur soi et hors de soi une action dont il a conscience. Sa destination est de travailler non-seulement à la garde, mais aussi à l'amélioration de son corps et de son âme, et il a place dans le monde de la pensée et de la matière, non pour y végéter inerte et sans responsabilité, mais pour y remplir un rôle. Nous naissons pour cette œuvre avec des instincts bons et mauvais; nous plaindre de n'en pas avoir que de bons serait ingratitude et paresseuse négation du bien. Si aucune inclination ne nous conviait au mal, notre conduite n'aurait ni choix, ni lutte, ni mérite ou démérite, ni victoire ou défaite : nous serions d'esclaves instruments de la fatalité.

Nous ne sommes pas plus créés pour l'isolement que pour l'immobilité. L'enfant n'est pas né que sa vie commence, mêlée à celle de sa mère; on le nourrit, on le soigne, pour qu'il soit en possession de l'existence; le premier éveil de sa pensée le porte vers les affections qui le protégent et l'entourent; on lui parle, il parle. La continuité de son commerce avec des individualités distinctes de la sienne ne s'arrêtera pas et accompagnera chaque développement de son intelligence, chaque usage de ses facultés.

Le mouvement, la vie, l'expansion et l'union hors

de soi, loi des individus, est aussi celle des êtres collectifs en lesquels ils s'agglomèrent. Dans le monde de la pensée et dans l'univers matériel, de l'infiniment grand à l'infiniment petit, tout a sa loi inhérente à sa nature et condition de son être. Ces lois, puisqu'elles s'étendent à tout, ont des applications innombrables; elles ne se contrarient pas. Leur coexistence est la preuve que l'éternelle sagesse dont elles sont l'œuvre en a prévu et voulu l'accord; leur ensemble est la loi naturelle, est la vérité; leur harmonie est l'ordre. Ce que notre impuissance de connaître nomme hasard n'a point de place dans la création.

La possession de la vérité est pour l'humanité une aspiration instinctive à laquelle il lui est impossible de résister, mais dont la pleine satisfaction est hors de sa portée. Il n'est donné aux plus vastes intelligences que d'en connaître des fragments.

Il n'est pas, pour l'entendement, de péril plus grave que les illusions produites par les vues incomplètes de la vérité.

On la signale et la proclame en celui de ses côtés par lequel on l'a aperçue; puis on raisonne et agit comme si elle n'était que là. Fier de ce qu'on sait, on en vient à dédaigner comme inutiles, ou à nier comme non existantes, les parties que l'on n'a pas connues ou cru connaître. L'expérience atteste que les paradoxes les moins soutenables, que les plus déraisonnables aberrations de systèmes, ont eu pour point de départ quelque proposition juste et incontestable. Une logique aveugle s'en empare, en poursuit à outrance les conséquences, l'isole de ce qui devrait lui rester lié, et la convertit ainsi en un instrument d'erreur et de mal.

Cette considération est capitale. On pourrait l'appuyer par bien des exemples; indiquons-en quelques-uns, et choisissons-les dans ce qui nie ou empêche le progrès.

Par cette cause s'expliquent les trop longs succès d'une triste doctrine dont le bon sens public n'a pas encore fait suffisamment justice.

L'influence de l'intérêt personnel est une loi de notre nature, et il y aurait absurdité à contester sa présence dans toutes les âmes. Les théories ont abondé pour le proclamer la loi unique et ne tenir qu'un médiocre compte des instincts ne relevant point de lui ; on a relégué à des rangs secondaires ou accessoires ses légitimes contre-poids, ôtant ainsi à la volonté ses armes défensives contre l'égoïsme, ennemi subtil et obstiné de ce qu'il y a en nous de meilleur.

Une doctrine moins exclusive, et demeurée incomplète, est assez en vogue aujourd'hui et a pris grand crédit en Angleterre : l'école utilitaire a persisté à tenir l'intérêt pour le principe et l'explication de notre nature morale ; sa prétention est d'en avoir épuré et agrandi le système en insistant sur ce qu'il est la loi non d'une personne ou de plusieurs, mais de l'universalité des humains, et exige qu'on le serve dans tous. Cette introduction des idées de droit et d'égalité, en s'ouvrant à la sympathie et à la sociabilité, a le mérite de faire une place au sentiment du bien général et à l'obligation de travailler à son succès. Le vice fondamental des théories exclusives subsiste, car l'utilité continue à être réputée la suprême directrice des âmes.

L'homme vaut mieux que cela. La conscience, librement interrogée, nous révèle des devoirs désintéressés envers nous-mêmes et envers autrui ; elle reconnaît volontiers qu'il n'y a d'utile que le bien, et ne consent pas à dire qu'il n'y a de bien que l'utile.

Un progrès indéniable est celui par lequel l'humanité s'avance dans la science du monde physique. Chaque jour ajoute des conquêtes à celles dont les précédents âges ont légué les bienfaits. A ne regarder que notre siècle, comment se défendre d'admirer les merveilles de ses découvertes? Les forces ainsi gagnées par les pères assurent, par leur transmission aux enfants, l'agrandissement de l'avenir, et peu de ces héritages, aux époques même les plus désastreuses, se perdent ou demeurent stériles. Les êtres humains, de génération en génération, et au profit d'un nombre d'individus qui va se multipliant, agissent plus éclairés, plus riches en jouissances, en production, consommation, échanges. Ni la science ni l'industrie ne s'arrêtent.

Les pessimistes n'entreprennent pas de mettre en doute des faits d'une si éclatante évidence, mais ils se refusent à reconnaître que par ces victoires sur la matière l'état moral des sociétés s'améliore. La science, disent-ils, parmi ses bienfaisants trésors, produit de mauvais fruits : elle ne supprime pas l'égoïsme, principe du mal; souvent, au contraire, elle l'aide et le sert aux dépens des ignorants et des simples. Les initiations nouvelles dans les secrets de la nature profitent aux commodités de la vie; mais elles enseignent au faussaire, à l'empoisonneur, l'art de forger, pour la perpétration de leurs crimes, des instruments à plus sûre portée. L'industrie est une source de richesses et se targue de vivre par la paix, ce qui ne l'empêche pas de triompher quand elle a approvisionné la guerre, et de glorifier ses expositions par des primes et médailles à l'engin qui fait merveille dans l'art de tuer.

Ces paradoxes rencontrent parfois des approbateurs, parce qu'à leurs exagérations déclamatoires se mêlent quelques détails accidentellement vrais. Les dénigrements n'épargnent pas la personne des savants; on montre leur vie traversée par les déceptions et les mécomptes, et exposée par ses succès aux infatuations de l'orgueil, aux ridicules de la vanité, aux tentations de la cupidité. L'intime commerce avec la science est une source de vifs plaisirs intellectuels et l'occasion de légitimes avantages matériels. Partir de cette vérité pour expliquer par l'égoïsme le culte de la science est un sophisme injuste et odieux : une noble curiosité satisfaite, un tribut apporté au bien-être général, sont pour les grands cœurs une plus douce récompense que les plus attrayantes considérations d'utilité.

Les lois de nature, qu'elles régissent l'esprit ou la matière, s'unissent dans leurs résultats; mais elles se manifestent par des voies différentes. La science du monde physique appuie ses démonstrations sur des faits visibles, tangibles, directement perceptibles par les sens; les sciences morales demandent à un autre ordre de preuves, qui se révèlent à l'intimité des âmes, l'affirmation des règles s'imposant à la volonté. Le sophisme décline leur autorité et proclame qu'il n'y a rien d'avéré en elles. Il lui suffit, pour conclure ainsi, que les déterminations mentales auxquelles elles s'adressent ne soient pas immédiatement vérifiables par les sens; il a l'habitude de ne voir les questions que par un seul de leurs côtés. On a grand tort de qualifier esprits forts ceux qui, par l'entraînement d'une logique partiale, mutilent orgueilleusement les sources de la certitude : il n'y a que faiblesse à rétrécir la science dans la poursuite de la vérité et à méconnaître l'universalité concordante de ses lois, toutes également impératives.

Une école qui, dans ces derniers temps, a attiré l'attention, est celle qui s'est donné le nom de positiviste. Ses partisans ont cru faire acte de circonspection et de sagesse en limitant à la constatation des faits les connaissances qu'il appartient à l'esprit humain d'atteindre. Ils ont ainsi confondu avec la science ce qui n'est que sa préparation ; ils sont tombés dans la même erreur que les matérialistes, qui, certes, ne se trompent nullement en croyant à la matière, mais dont le tort est de ne croire qu'à elle.

Le positivisme n'est pas plus la science que le réalisme n'est l'art. L'œuvre d'art demeure imparfaite et vulgaire si rien n'y révèle ou n'y éveille un sentiment, une affection, une passion, et n'ouvre une échappée vers l'idéal. N'accepter de la nature que sa part matérielle, c'est renoncer à la vérité et à la grandeur.

Une science n'existe pas encore tant qu'elle n'en est qu'à constater et enregistrer des faits et des expériences ; elle n'atteint la hauteur de ce nom qu'au moment où elle arrive à classer ces faits, à lire et signaler leurs lois, les conditions de leur venue, les règles de leur retour, et lorsque, à travers la pluralité de ces lois, dont aucune, si elle est loi, ne peut s'effacer ni disparaître, elle discerne la nécessité de leur coexistence et l'harmonie de leur concours. Elle trouve dans la pratique de leurs communs résultats son complément et sa vérification.

Les lois naturelles ne sont pas l'œuvre des hommes, qui ne peuvent rien sur elles ni sans elles ; mais les différences sont immenses par les idées qu'ils s'en forment, par le degré de connaissance qu'ils en acquièrent. La loi morale s'impose à toutes les âmes depuis qu'il existe des hommes ; elle commande et commandera de choisir et pratiquer le bien, de fuir et rejeter le mal, quels que soient les temps, les lieux, les situations individuelles ; mais c'est par la conformité de ses actes au bien, tel qu'il lui est donné et possible de le concevoir, non tel qu'il est en soi, que le compte de chaque liberté se règle. Les conditions ne sauraient, sans injustice, être identiques pour le savant et l'ignorant, le civilisé et le sauvage, le vieillard et l'enfant, le riche et le pauvre, le vaillant et l'infirme.

A envisager sous cet aspect unique nos destinées humaines, l'indifférence pour le progrès s'expliquerait : car, si le devoir consistait tout entier dans l'obéissance à ce qui lui apparaît comme étant la règle, il n'aurait, pourvu qu'il obéît, rien à gagner ni à perdre à ce que cette apparence vînt à changer. On mutilerait la loi morale en l'enfermant dans ces limites ; on retrancherait d'elle un de ses éléments vitaux et constitutifs : l'aspiration vers la vérité.

Cet attrait n'est pas seulement un noble instinct de l'intelligence, il est aussi un instrument des devoirs imposés à la volonté. La loi morale ne se borne pas à commander la pratique du bien tel qu'on le connaît, elle veut aussi que l'on travaille pour le connaître.

L'accès vers la vérité rencontre comme obstacles l'ignorance, l'erreur, le mensonge.

L'ignorance paralyse l'entendement et l'enveloppe de ténèbres ; l'erreur est pire, parce qu'elle croit s'appuyer sur la vérité en la plaçant là où elle n'est pas. Le pardon lui est dû quand elle s'allie à la bonne foi, avec laquelle elle n'est pas incompatible ; elle cesse d'être excusable lorsque, par abandon de nous-mêmes, le courage de la lutte nous a manqué pour diminuer la trop large part de nos ignorances ; elle nuit à qui y tombe, et point à lui seul ; elle fait tort à autrui en jetant la confusion et l'impuissance dans les services qu'on doit à ses semblables.

Elle n'est jamais plus dangereuse que lorsque, se mêlant à des doctrines fausses et perverses, elle empoisonne l'opinion générale et entraîne les faibles hors des voies du bon sens.

Le mensonge est un vice moral. Le progrès de l'humanité ne le guérit pas, mais il le rend plus visible et plus odieux, et apporte des lumières et des secours à ceux que ses embûches attaquent et assiégent:

Le mensonge sait que la vérité existe, et il agit comme si elle n'était pas ; il prend parti contre elle, la nie, la cache, l'altère, fait effort pour se servir d'elle contre la pratique du bien. Par lui le méchant devient pire à mesure qu'il étend son intelligence.

Une condition de la santé morale est d'avoir habitué sa volonté à l'impossibilité du mensonge et au besoin de respirer librement la vérité. Dans l'éducation la plus indulgente, il y a imprudence à laisser passer comme inaperçus ces petits mensonges dans lesquels les enfants cherchent des excuses à leurs fautes ou des facilités pour leurs essais de désobéissance. Ce n'est point rigorisme que blâmer, même dans les esprits formés et mûrs, la légèreté qui badine avec la sincérité, sous prétexte qu'il s'agit de bagatelles. Le jeu est périlleux, et dans les mensonges qu'on qualifie d'innocents l'honnêteté s'embarrasse quelquefois. Que de mensonges pieux sont des impiétés !

La vue de la vérité peut quelquefois être une peine, car elle a en spectacle le mal comme le bien, et les occasions ne manquent pas où l'on voudrait ne pas savoir ; mais les cœurs vaillants, en repoussant l'horreur du mensonge, auraient honte de souhaiter l'ignorance ou l'erreur. Quand les regrets sont inutiles, la résignation reste comme secours et sait trouver des espérances ; il lui appartient de nous apporter du courage pour supporter les afflictions, déjouer les déceptions, vaincre les obstacles.

La connaissance, même imparfaite, du vrai et du bien, ne s'obtient qu'au prix de longs efforts collectifs. Abandonnés aux déceptions et aux caprices des appréciations individuelles, les groupes humains se résoudraient en juxtapositions égoïstes où la complète indépendance amènerait, par ses compétitions, une hostilité sans cesse renaissante. Il n'y aurait ni familles ni nations. Les associations ne vivent que si leurs membres se soumettent à des obligations réciproques, à des règles communes, et reconnaissent la tutelle d'une puissance suprême investie d'autorité et de force.

La religion apporte à l'humanité un adorable secours en lui révélant et lui enseignant les principes fondamentaux de la morale inhérente à notre nature. L'entier maintien de la responsabilité qu'elle attache à l'exercice de notre liberté met à la charge de nos lois humaines le soin d'interpréter et de promulguer les conséquences de la loi naturelle et ses commandements.

Les législations ne créent pas le droit, car il est antérieur et supérieur à elles. Leur mission est de le reconnaître et proclamer. Elles l'investissent de formes extérieures, arment ses commandements, lui subordonnent les conventions, érigent des tribunaux pour le déclarer et réprimer les infractions qu'on lui porte; elles le tiennent en concordance avec l'état présent des convenances et nécessités sociales et avec la combinaison difficile des devoirs et des intérêts. Régulièrement établies, et nonobstant les réformes et révisions que leurs imperfections appellent, elles sont présumées la plus exacte expression des devoirs auxquels, en l'état régnant des institutions du pays, les volontés individuelles sont tenues de se soumettre. Le dernier mot leur appartient, puisqu'il faut, pour que l'ordre soit possible, que le dernier mot ait sa place quelque part.

La loi morale est la reine des individus et des sociétés, et le droit n'est intelligible et impératif que par l'intimité de son union avec elle; mais la morale n'est point investie de puissance exécutive : elle s'adresse à l'homme intérieur, et n'a que pour les âmes ses injonctions et ses conseils, ses récompenses et punitions. Le droit, dans ses formules positives, a pour destination de préciser et définir celles des obligations morales que la pratique de la vie rend extérieurement exigibles ; il parle aux membres du corps social non en conseiller, mais en maître : son pouvoir va jusqu'à contraindre, jusqu'à punir.

Je vous ai parlé des services rendus par la science du monde physique. Une de leurs conséquences est d'amener des progrès dans le droit. L'extension de domination sur la matière et les développements de l'industrie multiplient dans des proportions indéfinies les choses dans l'usage et la disposition desquelles les prévoyances législatives et juridiques sont obligées d'intervenir. Ces accroissements ne sauraient demeurer sans règles ; il leur faut des conventions, des lois, des jugements. Le champ du droit s'élargit et les détails de son œuvre s'augmentent.

L'influence morale exercée par les progrès en apparence purement matériels est d'une immense portée.

Quand l'imagination promène ses rêves sur l'enfance du monde, elle se représente, répandus sur un territoire, des groupes de familles livrées à leurs instincts et guidées par de confuses prévisions du lendemain. Aucune civilisation n'a pénétré au milieu d'elles, et toute science est inconnue. A l'instant où une bonne fortune suscite parmi leurs meilleurs quelques forts qui les dominent et les protégent, quelques prévoyants qui préparent et assurent d'utiles ressources, il se forme, par nécessité de nature, un état de société.

Si un droit reconnu et accepté n'intervenait pas, les forts abuseraient des faibles et les exploiteraient sans merci ; mais ces violences les serviraient mal, et la force, en agissant seule, est impuissante à gouverner. Le bon sens l'oblige à comprendre que, pour posséder l'empire, elle a besoin d'admettre l'intelligence à le partager avec elle.

L'histoire montre l'autorité souveraine s'identifiant, dans les temps antiques, avec le pouvoir religieux, et soumettant le droit à ses préceptes et aux injonctions de ses ministres et interprètes. Les intérêts matériels, à mesure qu'ils se développent, qu'ils se combinent et se contrarient, exigent une représentation plus directe; les pouvoirs temporels prennent une part de plus en plus large dans la direction des affaires communes, et mêlent leurs prétentions et leurs calculs à la pression des faits et au mouvement des idées.

Les aristocraties se sont naturellement trouvées en possession première des sociétés et en sont longtemps restées les maîtresses. Les sommités religieuses et civiles ne furent pas seules à se coaliser pour leur formation, et les supériorités de tout ordre y occupèrent une grande place. Le temps et les traditions, les ambitions et les désirs de dominer, les solidarités de familles et les prérogatives de naissance, y multiplièrent les adjonctions.

Les masses incultes et misérables, impropres à un travail prévoyant, livrées aux désordres et aux caprices de leurs impressions passagères et des instincts qui leur tiennent lieu de raison, sont, dans les sociétés organisées, un encombrement et une menace. Il n'y aurait eu que justice à interdire à leur incapacité la participation au gouvernement des affaires; mais on ne s'en tenait pas à cette prudence : un asservissement sans limites fermait à des populations entières tout accès vers la liberté.

Une acceptation universelle et indéfinie de l'état d'infériorité dans lequel une immense majorité se trouvait reléguée, et une complète absence de désirs et d'efforts pour en sortir, étaient incompatibles avec l'essence de la nature humaine. Tous ne s'y résignèrent pas, et ni protestations, ni résistances ne manquèrent. Chaque amélioration qui survient dans la condition des individualités ajoute de l'énergie et de la clarté au sentiment qu'elles ont de leur droit, et rend plus visible et plus dure l'injustice qui érige en privilége la participation à la vie active de la société dont on se sait un des membres.

Les esprits les plus élevés des classes dirigeantes ne pouvaient manquer de comprendre la nécessité et les conséquences du développement imprimé à l'humanité ; ils ont senti de mieux en mieux que la supériorité de leur position leur imposait le devoir de travailler à la culture des masses de population inerte, égoïste et sauvage, tenue dans l'abaissement par l'ignorance et la misère. L'établissement du christianisme, qui a été le fait capital dans l'histoire du monde, a vivifié ces aspirations vers le respect des âmes et de leur dignité ; il a opéré sa révolution dans les sociétés et dans le droit, leur interprète, en sanctifiant le principe d'égalité et en l'élevant à la hauteur du dogme de fraternité. La politique, la science, la propriété, se sont ouvertes à l'accès de tous. Le succès le plus caractéristique a été d'ôter à l'esclavage son prestige.

Dans le monde antique, l'esclavage était la loi. Le droit, tout en l'acceptant, tendait à l'adoucir et à reconnaître que les esclaves sont des hommes. Il serait arrivé à son abolition si, à l'époque où cette œuvre allait s'accomplir, la condition des noirs et la visible séparation des races par la couleur de la peau n'avaient ravivé cette division de notre espèce en classes ennemies et n'en avaient redoublé les rigueurs. La puissante et patiente influence du christianisme a eu besoin de longs efforts pour vaincre cette iniquité. Notre temps seulement a vu enfin abolir l'esclavage, et il en conserve des restes et des traces.

L'esclavage confisquait franchement la liberté; il niait ouvertement l'égalité. Il n'était pas seul à s'appuyer sur l'antagonisme des classes humaines.

Les priviléges, mêlés au règne de l'esclavage, ont survécu à son affaiblissement et à son discrédit. Dérivés, comme lui, de la croyance en l'inégalité, ils ont étendu fort au delà de lui et sur la classe non esclave les interdictions et les exclusions. Par les institutions organisées à leur profit, les faveurs ont été prodiguées à la naissance, à la richesse, à la tradition. Ils ont envahi à tel point le monde social et politique que protester contre leur injustice a longtemps été se mettre en révolte contre l'ordre établi.

A mesure que quelques rayons de lumière ont pénétré dans les intelligences, et que l'accès dans les plaisirs d'esprit a été rendu plus facile par l'accroissement d'aisance de la vie corporelle, un nombre croissant d'individus a mieux compris la possibilité et la dignité de se servir eux-mêmes et de veiller directement sur leurs propres intérêts et ceux des personnes qui les touchent; ils se sont plus clairement demandé pourquoi leur pensée resterait nulle, leur activité stérile; pourquoi leur travail ne profiterait qu'à autrui, tandis que la collaboration à l'œuvre commune leur demeurerait interdite. On a senti alors l'humiliation et le péril de l'apathie et de l'indifférence; le bon sens universel s'est éveillé et s'est enhardi à proclamer les principes de justice; on a vu plus nettement pourquoi il y a un bien général, une opinion publique, des lois à établir pour l'ordre et la paix, une obéissance due à la direction tutélaire d'une autorité suprême, unique ou multiple, simple ou complexe. La participation aux affaires du pays, en se propageant sous des formes diverses, s'est exercée non comme une faveur, mais comme un droit et un devoir.

Ce sentiment de l'égalité a ainsi miné le terrain sur lequel les priviléges s'étaient établis. Le droit, la philosophie, la raison, travaillèrent à les renverser. Ce combat remplit les pages de notre droit moderne ; il en marque le caractère dominant.

Le régime du privilége est vaincu. Beaucoup reste à faire pour compléter sa défaite ; mais le droit n'a plus en lui un ennemi dangereux. Le terrain des luttes sérieuses est changé.

La longue existence des priviléges s'est mêlée aux vieilles grandeurs de la France. Nos rois et leurs ministres, nos États du clergé et de la noblesse, l'armée et les parlements, une multitude de corporations, ont vécu avec eux et se sont aidés d'eux. Cette phase de notre histoire a pris fin. Sachons comprendre que, lorsque tous les Français ont été déclarés égaux et citoyens, d'autres conditions de carrières se sont ouvertes aux mêmes gloires et à de pareils services d'activité patriotique.

Le régime ancien a laissé dans nos lois et dans nos mœurs des traces qui dureront longtemps. Les obstacles restés debout sont destinés à tomber : qu'ils ne soient détruits qu'avec respect et prudence ! Il appartient au temps et à la patience d'effacer ce qui doit disparaître dans ce que le temps avait édifié. Il est devenu peu raisonnable de trop redouter les partis rétrogrades et de s'épuiser en haineux combats pour vaincre leurs inutiles efforts et leur tendance à faire revivre des vestiges de ce qui a péri : l'unique résultat de ces colères est d'envenimer les regrets et les aigreurs et d'armer les résistances.

Les révolutions, bientôt séculaires, qui ont transformé nos institutions, ont été achetées à haut prix et tristement accompagnées de fautes, de crimes, de déplorables désastres intérieurs et extérieurs. Si l'on veut s'élever à la hauteur de justice qui convient à l'histoire, ce qu'il importe de considérer finalement, c'est quel a été, tout compte fait, le résultat général auquel ce mouvement a conduit : il a introduit dans le droit un esprit nouveau, marque de progrès présent, promesse de progrès à venir.

Cet esprit nouveau est le respect et la pratique de l'égalité dans la liberté. Ce n'est pas là une métamorphose du droit : c'est un éclaircissement de quelques-unes de ses règles.

C'est pour lui un incontestable progrès de se trouver officiellement reconnu comme étant le droit pour tous ; mais on s'abuserait étrangement si l'on croyait que ce succès rend sa tâche plus facile. Loin de là il étend et aggrave ses devoirs ; il lui suscite des obstacles destinés à devenir son plus redoutable péril.

Le régime de l'égalité soumet à une parité de condition la vie de tous, privée et publique ; il ne réserve pas à des classes en possession de supériorités traditionnelles l'autorité dirigeante et la puissance gouvernementale ; il est république ; il ouvre accès à toutes les capacités, et en même temps à l'innombrable foule des prétentions incapables. L'ignorance, les passions, les préjugés, font irruption dans un domaine auquel les ambitions et les appétits ne veulent pas de limites. La menteuse demi-science propage avec une téméraire hardiesse ses fausses doctrines ; le nombre s'arroge la prépotence sur la raison. Ces dangers-là sont grands ; mais, grâce à Dieu, ils sont surmontables.

Il n'est pas sage de médire du nombre. La prudence exige qu'on se tienne en garde contre la facilité de ses égarements et la fréquence de ses erreurs ; mais il y aurait injustice à refuser de reconnaître en lui les instincts du bon sens et le goût du vrai. Il ne crée pas le droit, ce que l'orgueilleuse folie des sophistes use ses efforts à lui faire croire ; mais il est apte à le discerner et le respecter.

La grandeur du droit est de maintenir l'inviolabilité de ses principes à travers les assauts qu'on leur livre, et de ne pas fléchir quand il est méconnu.

Sa force est de ne pas se séparer de la morale, étoile qui dirige sa marche. La noblesse de son rôle est d'avoir à définir et proclamer ceux des commandements de la morale que les autorités investies de la puissance publique constituent comme lois extérieurement obligatoires.

L'égalité entre les frères humains est une de ces lois ; mais il y aurait aveuglement et péril à agir comme si elle était la seule ou la première. Il en est d'autres, non moins sacrées, que le droit est étroitement tenu de signaler et de protéger.

Ces lois ne sont pas d'hier : elles sont aussi vieilles que le genre humain. Liberté des volontés individuelles, famille, patrie, propriété, travail, fidèle exécution des contrats, charité envers les misérables, sont des nécessités de tous les temps.

Leur manifestation et leurs services sont l'objet du droit, qui ne serait plus s'il cessait de s'y tenir intimement attaché. Il a duré parce qu'il est demeuré leur constant organe, quoiqu'il ait assisté et concouru à mille transformations dans les moyens et les formes de leurs applications.

Méconnaître les impérissables bienfaits que sa persévérante culture a versés sur le monde, et ne pas en placer la conservation au premier rang des devoirs sociaux, serait démence et impiété. Le progrès ne consiste pas dans une sotte répudiation des trésors laissés par le passé : les mieux connaître et comprendre est l'honneur et l'utilité de la science.

La tâche du droit n'a pas changé; sa destination, dans tous les temps, est d'étendre et d'affermir la connaissance et la pratique de la loi morale, et de lutter ainsi contre l'égoïsme, l'ignorance et la misère.

Pour les individus et les êtres collectifs, pour les nations et l'humanité entière, les devoirs se multiplient et s'aggravent par les accroissements de savoir et de puissance que le temps amène; et l'un des meilleurs effets du progrès est de rendre plus impérieux et plus visible le besoin de quelques pas nouveaux vers la vérité. Une nation douée d'institutions et organisée pour le droit et la liberté, un peuple à citoyens, est appelé à une vocation plus haute que de végéter en tranquillité, et n'enfermerait pas sans déshonneur ses ambitions et ses destinées dans les satisfactions de vie sensuelle auxquelles le despotisme et l'anarchie mettent leur habileté à promettre contentement.

L'institution d'un nombre croissant d'êtres humains à la vie intellectuelle, les successives conquêtes du travail, de la science, de l'industrie; la suppression des obstacles factices qui entravaient l'égalité d'accès vers l'exercice de la liberté et vers la participation aux affaires communes : voilà d'incontestables progrès, qui, en élargissant la sphère du droit et en imprimant à ses applications une plus vaste et plus intelligible généralité, ont multiplié les devoirs et les difficultés de sa tâche. Il a appelé tous, faibles et forts, turbulents et pacifiques, incapables et capables; il a armé ses ennemis comme ses amis. Son obligation est de faire face à tout ; il abdiquerait s'il s'arrêtait dans ses efforts et ne résistait qu'avec mollesse à l'invasion des incultes et barbares enfants du sophisme et de la fausse science.

Le rôle défensif est devenu sa condition de salut.

Propager l'instruction est son meilleur secours. Félicitons l'opinion publique de ce qu'elle commence enfin à comprendre ce premier des devoirs sociaux.

Le droit a reçu en héritage les glorieux progrès de son passé. Sa fidélité à ses traditions se tiendra à la hauteur des progrès réservés à l'avenir.

Novembre 1876.

NOTICE BIBLIOGRAPHIQUE

I

TRAVAUX

DE

M. ANTOINE-AUGUSTIN RENOUARD

Réflexions sur les fabriques nationales et sur celles des gazes en particulier, par M. R..., fabricant de gazes. — In-8° de 16 pages.

Aux quarante-huit sections. — Paris, imprimerie Châlon, 1790. In-8° de 7 pages.

Avis aux citoyens qui veulent rester libres. — Imprimerie Châlon, 1790. In-8° de 7 pages (réimpression du précédent).

Essai sur les moyens de rendre le reculement des barrières véritablement avantageux au commerce tant intérieur qu'extérieur. — Paris, imprimerie Châlon, 1790.

Idées d'un négociant sur la forme à donner aux tribunaux de commerce. — Paris, Desenne, 1790.

Observations des fabricants de Paris sur le projet de loi et le projet de tarif des droits d'entrée et de sortie. — Paris, imprimerie Châlon, 1790.

Le Cri de douleur, ou Nécessité de réformer le tarif proposé par le comité des impositions pour les contributions indirectes. — Paris, 13 février 1791.

Coup d'œil sur les monnoies, sur leur administration et sur le ministre des contributions publiques. — Paris, Garnery, 1793.

Questions proposées dans la *Chronique* du 2 décembre 1792.

Observations de quelques patriotes sur la nécessité de conserver les monuments de la littérature et des arts. — Paris, an II.

Au Comité d'instruction publique [1] (le 2e du 2e mois de l'an II).

Lectori præfatio (d'une édition de Joannis Audœni Cambro-Britannis Epigrammata.) — Paris, 20 floréal an II.

Catalogue des livres imprimés par Bodoni. — In-8°. Paris, 1795.

Avertissement d'une édition de Gessner. — 1795.

Principaux traits de la vie privée et littéraire de Gresset. Préface d'une édition de Gresset. — Paris, A. Renouard, 1811.

Notice sur une nouvelle édition de la traduction française de Longus par Amyot, et sur la découverte d'un fragment grec de cet ouvrage. — Paris, A. Renouard, 1810.

Avertissement sur une nouvelle édition de Corneille. — Paris, A. Renouard, 1817.

L'impôt du timbre sur les catalogues de librairie. — In-8° de 27 pages. Paris, A. Renouard, 1816.

Catalogue de la bibliothèque d'un amateur, avec des notes bibliographiques, critiques et littéraires. — 4 vol. in-8°. Paris, A. Renouard, 1819.

Annales de l'imprimerie des Alde, ou Histoire des trois Manuce et de leurs éditions. — 2 vol. in-8°. Paris, A. Renouard, 1803. — 3e édit., in-8°. 1834.

Annales de l'imprimerie des Estienne. — 1 vol. gr. in-8°. Paris, A. Renouard, 1837. — 2e édit., 1843.

Note sur Laurent Coster, à l'occasion d'un ancien livre imprimé dans les Pays-Bas. — In-8°. Paris, 1818.

Alde l'Ancien et Henri Estienne. — In-8°. Paris, 1838.

Catalogue d'une précieuse collection de livres, manuscrits, autographes, dessins et gravures comprenant actuellement la bibliothèque de M. A. A. R. — In-8°. Paris, 1853.

---

1. Le décret de la Convention nationale, précédé du rapport du citoyen Romme, est du 4 brumaire de l'an II.

II

TRAVAUX DE M. CHARLES RENOUARD

1. De identitate personali, thèse latine. — Du style des prophètes hébreux, thèse française. — Présentées à la Faculté des lettres. — Juillet 1814.

2. Critique d'un livre de M. Landié sur l'histoire morale de l'éloquence. — *Mercure de France*, janvier 1815.

3. Critique d'un livre de M. Allix sur les principes des institutions morales. — *Mercure de France*, mars 1815.

4. Projet de quelques améliorations dans l'éducation publique. — Chez A. Renouard. In-8°, 1815.

5. Lettres sur l'enseignement mutuel. — *Journal de la Côte-d'Or*, mai-juillet 1816.

6. Critique d'un livre de M. Droz sur l'art d'être heureux. — *Moniteur universel*, 5 août 1816.

7. Lettre sur l'enseignement mutuel. — *Journal d'Éducation*, novembre 1816.

8. Lettre sur le budget de 1817. — *Journal du Commerce*, décembre 1816.

9. Critique du livre de M. D. de Tracy sur les principes logiques. — *Moniteur universel*, juin 1817.

10. Critique d'un livre de M. Delamalle sur les essais d'institutions oratoires. — *Moniteur universel*, septembre 1817.

11. Lettre au *Journal d'Éducation* sur le charlatanisme. — *Journal d'Éducation*, juillet 1818.

12. Notice nécrologique sur l'abbé Gaultier. — *Moniteur universel*, septembre 1818.

13. Critique d'un livre de M. Lherbette sur l'introduction à l'étude philosophique du droit. — *Thémis*, t. I, liv. III.

14. Sur une nouvelle édition des Pandectes de Pothier. — *Moniteur universel*, avril 1819.

15. Considération sur les lacunes de l'enseignement secondaire en France. — In-8° de 124 pages. Chez A. A. Renouard, 1824.

16. Critique sur la Jurisprudence générale du royaume, de M. Dalloz. — *Moniteur universel*, 1er novembre 1824.

17. Consultation à propos de la législation sur les jésuites. — *Gazette des Tribunaux*, 14 août 1826.

18. Sur les brevets d'invention. — *Encyclopédie progressive*, novembre 1826.

19. Examen du projet de loi contre la presse. — 1827. In-8° de 75 pages. Chez A. A. Renouard.

20. Consultation sur la pétition des imprimeurs et libraires à propos du projet de loi sur la presse. — 1827. In-8° de 40 pages. Chez Paul Renouard.

21. Critique sur la Loi naturelle de Volney. — *Thémis*, t. II, 1820.

22. Sur la conférence de la Bibliothèque des avocats. — *Thémis*, t. IV, 1822.

23. Il faut semer pour recueillir. — Publié par la Société *Aide-toi, le Ciel t'aidera*, septembre 1827.

24. Manuel de l'électeur juré. — Publié par la même Société, février 1827.

25. L'éducation doit-elle être libre? — *Revue encyclopédique*, août 1828.

26. Éléments de morale. — 1re édition, 1820. Chez A. A. Renouard. — 3e édition. In-12 de 220 pages. Paris, 1824.

27. Mélanges de morale, d'économie et de politique, extraits des ouvrages de Benjamin Franklin ; précédés d'une notice sur sa vie. — 1re édition, 1824, 2 vol. in-18. — 3e édition, 1853, 1 vol. in-12. Chez J. Renouard.

28. Traité des droits d'auteurs dans la littérature, les sciences et les beaux-arts. — 2 vol. in-8°. Chez J. Renouard. Paris, 1838.

29. Traité des faillites et des banqueroutes. — 2 vol. in-8°. — 1re édition, 1842. Chez Guillaumin. — Édition belge, à Bruxelles, 1851. — 3e édition, 1857.

30. Traité des brevets d'invention. — 1 vol. in-8°. — 1re édition, 1825. Chez A. A. Renouard. — 3e édition, 2 vol. in-8°, 1865. Chez Guillaumin.

31. Du droit industriel dans ses rapports avec les principes du droit civil. — 1 vol. in-8°, 1860. Chez Guillaumin.

32. Mémoire sur la statistique de la justice civile en France. — *Revue de Législation et de Jurisprudence*, février 1835, t. Ier, 5e livr.

33. Critique sur le recueil des Ordonnances du royaume, par M. Isambert. — *Le Globe*, février 1825.

34. Projet sur la fondation d'une nouvelle noblesse. — *Le Globe*, 26 janvier 1826.

35. Critique sur le Code de procédure civile, par MM. Pigeau, Poncelet et Lucas-Championnière. — *Le Globe*, 2 avril 1828.

36. Critique sur le Code des théâtres, par MM. Vulpian et Gautier. — *Le Globe*, juin 1829.

37. Question importante sur le titre des journaux. — *Le Globe*, 1829.

38. Du conseil de discipline des avocats. — *Le Globe*, août 1829.

39. Sur l'interprétation de la liberté religieuse en France. — *Le Globe*, février 1830.

40. Articles Affiche, Afficheur, Almanach, Addition, Alphabet, Annonces, du *Dictionnaire de Paillet*. — Articles Faillites et banque-routes, Législation, Marques de fabrique et de commerce, Parasites, Sociétés commerciales, du *Dictionnaire d'Économie politique*. — T. II, 1853.

41. Notice nécrologique sur M. Billecocq. — *Annales de Législation et de Jurisprudence*, 22 juillet 1829.

42. Mémoire sur le contrat de prestation du travail, lu à l'Académie des sciences morales et politiques. — Février 1854.

43. Rapports à l'Académie des sciences morales et politiques. — Sur l'influence des peines : 2 mai 1863. — Sur la division des valeurs en actions transmissibles : 5 mai 1866. — Sur le mariage au point de vue moral et légal : 28 mai 1870.

44. Tableaux de la composition personnelle de la Cour de cassation depuis son origine. — *Revue historique de Droit français et étranger*, 1861.

45. Des droits des auteurs sur les produits de leur intelligence. — *Revue de Législation et de Jurisprudence*. — Janvier 1837.

46. Examen du projet de loi relatif aux brevets d'invention. — *Revue des Économistes*, 1843.

47. Des anciennes corporations d'arts et métiers en France. — *Ibid*.

48. Des anciens règlements et priviléges de fabrication. — *Ibid*.

49. Sur le contrat d'apprentissage. — *Ibid*., 1845.

50. Des brevets d'ouvriers. — *Ibid*., 1845.

51. Discours prononcé aux obsèques de M. Marchand-Dubreuil :
— août 1830.

52. Discours prononcé à l'Académie des sciences morales et politiques sur M. Cousin : février 1868.

53. Discours prononcés à la Cour de cassation. — Séance d'installation : 1er juillet 1871. — Séances de rentrée : 3 novembre 1871. — 4 novembre 1872. — 4 novembre 1873. — 3 novembre 1874. — 3 novembre 1875. — 3 novembre 1876. — Séance d'installation de M. Mercier et de M. Dumon : 19 mars 1877.

54. Discours prononcé à la Société de législation comparée : 28 novembre 1871.

55. Discours prononcé à la Société française de tempérance : 29 mars 1874.

56. Discours prononcé à la distribution des prix du lycée Condorcet : 13 août 1872.

57. Rapports à la Chambre des députés. — Sur les faillites et les banqueroutes : 26 janvier 1835. — Sur les justices de paix : 29 mars 1837. — Sur le travail des enfants dans les manufactures : 6 mars 1841, 25 mai 1841, 12 décembre 1841. — Sur des modifications au Code pénal : 1832. — Sur l'expropriation en matière d'utilité publique : 1840. — Sur l'instruction primaire : 4 mars 1833. — Sur les effets de la séparation de corps : 1834.

TABLE DES MATIÈRES

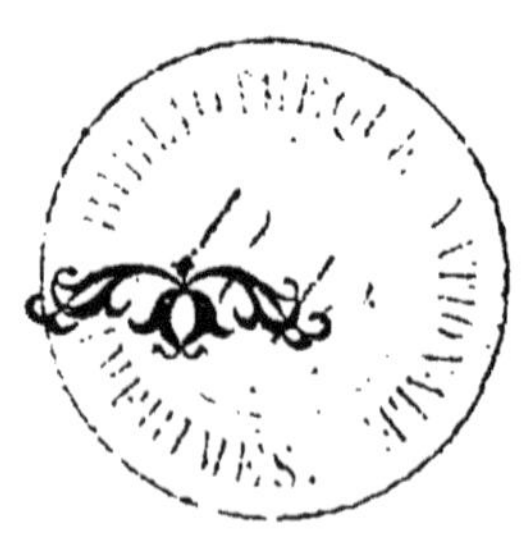

A PARIS

DES PRESSES DE D. JOUAUST

Imprimeur breveté

RUE SAINT-HONORÉ, 338

www.ingramcontent.com/pod-product-compliance
Ingram Content Group UK Ltd.
Pitfield, Milton Keynes, MK11 3LW, UK
UKHW021910070726
13613UKWH00001B/440